どんな部署でも必ず役立つ

公務員の
読み書き
そろばん

林 誠 ［著］

学陽書房

はじめに

　新入職員として役所に入ると、まず集合研修が行われます。そこでは、社会人としての基本をはじめとして、職場でのマナーやルールなどを学ぶことになるでしょう。期間は1週間くらいでしょうか？　真面目に聞いていたつもりでも、しばらく経つと何を教わったのか、すっかり忘れてしまう人も少なくないと思います。

　実践的な研修は、職場に配属されてから始まります。現場での実務研修、いわゆる OJT（On-the-Job Training）です。しかし、残念なことに、この OJT に大きなばらつきがあります。計画的に教えてくれる職場がある一方、ほとんど放任のところもあります。

　「習うより慣れよ」「見て覚えろ」ということかもしれませんが、この方針はあまり役所の仕事には向いていません。なぜなら、役所ではどんどん異動がありますし、職場ごとの仕事の内容が大きく違うからです。

　OJT が不十分だと、異動先で苦労することになります。新人であればある程度大目に見てもらえるかもしれませんが、入庁後何年か経っているだけに、受け入れ側の期待値も高まっています。即戦力を期待されているので、がっかりさせたくないところです。

　そこで、求められるのは、公務員としての基礎体力の強化です。それを「読み書きそろばん」という表現でまとめてみました。受け身ではなく、しっかり自主トレで鍛えましょう。

　まず、「読む力」とは、担当業務に関する法令や資料等を読み込み、理解し、使いこなすことであり、新聞・雑誌・書籍から世の中を知

ることでもあります。

「書く力」は、文章力であり表現力です。簡潔でわかりやすい文書を書くことと併せて、ときには正しいだけではなく相手の心に届く文書を作ることも求められます。

「そろばん」は、数字・財政を読み解き、使いこなす力のことを指します。実際にそろばんを使うことはないでしょうが、数字が意味する内容を正確に理解することの重要性は高まっています。

加えて、「話す力」も必要です。相手を論破するのではなく、「対話」によって高め合っていきたいものです。現代のそろばん的な位置付けである「IT」もしっかり活用しましょう。IT を使いこなせるかどうかで、仕事の成果はガラリと変わります。

自分の「キャリア」についても、長い目で考えておきたいものです。キャリアプランを主体的に描き、未来を見据えて仕事に取り組むことで、楽しくステップアップできるはずです。

「役所の異動は転職のようなもの」と言われます。3 月と 4 月では全く違うタイプの仕事をしていることも珍しくありません。しかし、どんな職場に行っても必要とされる基本的なスキルは共通しています。

本書を読んで、どんな部署でも通用する基礎・基本を身につけていただければと思います。皆さんが、本書からヒントを得られて、「彼（彼女）をぜひうちの部署にほしい」と言われる職員になられることを心から願っています。

2020 年 5 月

林　誠

CONTENTS

第3章　そろばん —— 数字・財政を読み解く

第**4**章 **話す** ── 対話の力で成果を上げる

第5章　ＩＴ —— 現代のそろばんで効率を高める

第6章　キャリア —— 自分の将来像を主体的に描く

COLUMN 06

第1章

読む

法令・情報を読みこなす

役所人生は、読むことから始まります。そして、法令を読む力、マニュアルを理解する力、資料を咀嚼する力は、仕事の質に直結します。さらに、新聞や雑誌から世の中を読み解く力も磨きたいところ。読むべきものを主体的に探し、自分に取り込んでいくことで、力が蓄えられていきます。

01 メリハリをつけた「読み方」を身につける

大枠を読み取り、必要なところはとことん深掘り。

▶ 役所の仕事は「読む」ことから始まる

　役所に入り、新入職員向けの研修後、いよいよ職場に配属。最初に受けた指示が、「仕事に関係する法令集読んでおいて」「これ、やることのマニュアルだから、目を通してね」というものだったという人も多いと思います。

　そうです。役所人生は、あまり面白くない文書を読むことから始まるのです。その後も、「去年の起案文書を読んでおいて」「国の通知を理解しておくように」などと指示を受けたでしょう。

▶ 公務員にとっての「読む力」

　公文書や法令など、堅苦しい文書を読めないと、仕事にならないのが公務員です。

　役所の文書は、とかく長く細かくわかりにくくなりがちです。「漏れがあってはいけない」「不平等が生じてはいけない」「誤解があってはいけない」などと考えていると、どうしてもダラダラと堅苦しい文書になってしまいます。

　公務員は、それをしっかり読み込む必要がありますが、そのコツは、すべてを理解しようとすることから、いったん離れること。全体をざっくり眺め、太字になっているところ、囲われているところ、「記」で表記されているところなどを見ていきます。自分と関係が

なさそうな部分は、さらっと流せばいいでしょう。

　一方、自身が担当している分野や、法令の解釈が求められる箇所などは、徹底して深掘りする必要があります。担当業務については、その地域で一番詳しい人間になることが求められるのです。つまり、メリハリをつけて読むことが大切です。

　さらに、役所の中だけに閉じこもらず、世の中の流れを読むことも大切です。そのためにはいろいろな読み物に触れて、見聞を広めていきましょう。

効率的な資料の読み方

堅苦しく、膨大な資料を頭から
お尻まで読もうとするのは骨が
折れる。すべてを読み込み、理
解しようとしても、効率が悪い

「記書き」や「囲み」
部分を中心に読んでい
き、まずは大枠をつか
む。そのうえで、熟読
しなければならない部
分は、マーカー等を引
きながら読み込む

02 法令には自分から当たりにいく

根拠条文の確認とストックが、自分の礎となる。

▶ 役所の仕事は、法令を根拠にしたものばかり

例えば、出勤後、タイムカードに打刻したり出勤簿に押印したりすることは、通常「服務規程」で決められています。書類の作成については、「文書管理規則」や「文書取扱規程」などで決められているでしょう。もちろん、事業の根拠や補助金の支出理由も、個々に条例や要綱などで決められていることが多いと思います。

役人である以上、法令をしっかり踏まえなければなりません。

▶ 根拠を必ず確認する

自治体職員は、法律の専門家になる必要はありませんが、自分の業務に関連して、どんな法令があり、どんなことが決められているかを理解し、それを使いこなすことが求められます。そのためには、自分から法令に当たりにいく必要があります。

例えば、例年行っている随意契約の決裁を上げる際、去年の文書に「地方自治法施行令第167条の2第1項第2号の規定により、随意契約とする」という一文があったとします。毎年同じ時期に行う契約であれば、そのまま決裁を上げても問題なく通るでしょう。しかし、そこでひと手間。自分から根拠条文に当たりにいきましょう。

そして、仕事で使った条文は、一覧できるように残しておけば、記憶にとどまるだけでなく、次回以降の仕事に役立ちます。

　国や県から来る通知にも、先輩から引き継がれているマニュアルにも、いろいろな法令の条文が示されていると思います。それらにも当たりにいきましょう。

　法令をしっかりと使いこなすことが、役所で働く第一歩であり、外してはいけない基礎になります。自分から動き、調べ、残しておくということを繰り返すことで、徐々に身につけていきましょう。

法の体系

根拠条文を六法で確認し、ストックする

03　法令はまず「紙」で読む

紙で読めば、法令の知識が深く、長く定着する。

▶ 確かにネットは便利だが

　何でもネットで見られる時代になりました。自治体の例規も法律も、ネットで確認できます。検索もでき、とても便利です。リンクから関連法令を参照したり、コピペして関連条文を一覧にしたりすることもできます。

　こうしたネットの優位性は認めつつ、それでも、法令に当たる際には、本のページをめくることをおすすめします。遠回りに見えて、それが案外近道だからです。

▶ 紙のほうが実感できる「つながっている感覚」

　例えば、地方自治法第213条の「繰越明許費」を調べるとします。紙で繰ると、少しずつ目指す条文に近づいていきます。時間がかかりますが、だんだん迫っていく感じが気持ちよくもあります。そして、目で追っているうちに、208条から財務の規定が始まること、212条には「継続費」が、214条には「債務負担行為」の規定があることに気づきます。時間があれば、ここら辺りでちょっと寄り道したいところです。道草できるのが、紙で調べる際の醍醐味です。

　『地方自治小六法』（地方自治制度研究会監修、学陽書房）などには、関連する政令や施行規則、行政実例なども掲載されています。1つの条文が立体的につながり、知識が芋づる式に広がっていきます。

　法律の本は分厚くてかさばりますし、改正内容が反映されていないかもしれないといったデメリットもあります。だとしても、はじめのうちは紙に当たる癖をつけましょう。理解の深さ、定着度といった面で、紙のほうが優れているからです。

　自治体職員ならば、六法の類は、個人用に1冊持っておきたいところです。書き込みも付箋も、気兼ねなくできますから。

地方自治小六法の例

〔議会の設置〕
第八十九条　普通地方公共団体に議会を置く。[1]

【参照条文】
【議会の設置】—憲法九三 I
※　法…八…II…九…の四 I-VII…九五…九六 I

【実例・判例】
—　●議会の名称は、「何々県議会」、「何々市議会」と呼称すべきである〔昭……九行実〕
　●議会は人格を有しない〔明…五……五行裁判〕
　●町村会は人格を有しない〔明…五……五行裁判〕

解釈・運用に必要な
行政実例・通知・判例等
が整理・掲載されている

04 複雑な条文は「カッコ書き」を読み飛ばす

まずは大筋の意味をつかむ。細かい事柄はその後に読む。

▶ まずは（ ）を外してざっくり理解する

法律は、初めて見ると非常にとっかかりにくいものです。

例えば、地方自治法における副知事等の解職請求にかかる条文は、一読しただけでは何のことだかよくわかりません。法律独特の長々と書く文章が理解の妨げになっているうえに、（ ）書きの中に（ ）書きがあるという構造のため、なおさらわかりにくくなっています。

こんなときは、（ ）を外して、さらに調べたい対象に絞って（この場合、例えば副市長）読んでみましょう。

まずはこのように読み替えて、ざっくり全体像をつかみます。

▶ （ ）の中は補足的に理解する

（ ）の中に書いてある内容の多くは、直前の言葉の定義や、例外を示すものなどです。実際に運用する際には詳細に把握しておく必要がありますが、法律の概要を押さえることを目的とすれば、あまり深入りする必要はありません。補足的に理解しておけば十分でしょう。

法令の一言一句を記憶する必要はありません。求められるのは、どういう趣旨の内容が、なんという法律の、どのあたりに、どんなニュアンスで書かれているかを知っておくことだと思います。早めにそのあたりのコツをつかんでしまいましょう。

いったん（　）内はすべ
て読み飛ばす

■地方自治法

第86条　選挙権を有する者（第252条の19第1項に規定する指
　　定都市（以下この項において「指定都市」という。）の総合区長
　　については当該総合区の区域内において選挙権を有する者、指
　　定都市の区又は総合区の選挙管理委員については当該区又は総
　　合区の区域内において選挙権を有する者、道の方面公安委員会
　　の委員については当該方面公安委員会の管理する方面本部の管
　　轄区域内において選挙権を有する者）は、政令の定めるところ
　　により、その総数の3分の1（その総数が40万を超え80万以
　　下の場合にあつてはその40万を超える数に6分の1を乗じて得
　　た数と40万に3分の1を乗じて得た数とを合算して得た数、そ
　　の総数が80万を超える場合にあつてはその80万を超える数に
　　8分の1を乗じて得た数と40万に6分の1を乗じて得た数と
　　40万に3分の1を乗じて得た数とを合算して得た数）以上の者
　　の連署をもつて、その代表者から、普通地方公共団体の長に対し、
　　副知事若しくは副市町村長、指定都市の総合区長、選挙管理委
　　員若しくは監査委員又は公安委員会の委員の解職の請求をする
　　ことができる。

絞りたい対象（例：副市長）
に絞って読むと…

第86条　選挙権を有する者は、政令の定めるところにより、その
　　総数の3分の1以上の者の連署をもつて、その代表者から、普
　　通地方公共団体の長に対し、副市長の解職の請求をすることが
　　できる。

05 分厚い資料を読みこなす

「概要版」「タイトル」「見出し」で要点を押さえる。

▶ 国の資料は膨大なものが多い

2014年12月、「まち・ひと・しごと創生総合戦略」が閣議決定されました。これを受けて各自治体が「地方版総合戦略」を作成することとなった重要な文書なのですが、全部で61ページありました。図表やグラフはあまりなく、文字が淡々と書かれており、読み通すのはかなり骨が折れます。

しかし、仕事で必要な資料である以上、読まないわけにはいきません。面白い面白くない、難しい難しくないなどを抜きにして、しっかり読み込み、理解し、業務につなげていかなければなりません。担当者には、内容を理解し、要点を簡潔にまとめて上司に報告することが求められます。

▶ 分厚い資料を読み込むコツ

忙しい中、数十から、ときには数百ページにも及ぶ資料を読み込むのは大変です。そこでまずチェックすべきは、資料の概要版です。一定のボリュームのある資料には、内容を集約した概要版が出ているはずですので、これを読んで全体像を把握します。

しかし、この概要版もわかりにくい場合が少なくありません。そのときは、事業や計画の内容を住民や事業者向けにまとめたパンフレットを探してみましょう。図表やグラフなどを使って、伝え方に

工夫がしてあるはずですので、これで大枠を捉えます。

　その後、本編に当たります。まずは目次をチェックして、何がどんな順番で書かれているか把握します。自分の自治体に関係しそうなところから読みましょう。

　読み進めていく中でも、タイトルや見出し、太字の箇所に注意しながら要点を押さえます。記憶する必要はありません。あくまで概要把握と、どこにどんなことが書いてあったかを押さえることが目的です。

国の資料はまず「概要版」から目を通す

まずは「概要」で全体像を把握

地方財政白書

- 平成31年版地方財政白書（HTML、PDF、概要📄）
- 平成30年版地方財政白書（HTML、PDF、概要📄）
- 平成29年版地方財政白書（HTML、PDF、概要📄）
- 平成28年版地方財政白書（HTML、PDF、概要📄）
- 平成27年版地方財政白書（HTML、PDF、概要📄）
- 平成26年版地方財政白書（HTML、PDF、概要📄）
- 平成25年版地方財政白書（HTML、PDF、概要📄）
- 平成24年版地方財政白書（HTML、PDF、概要📄）
- 平成23年版地方財政白書（HTML、PDF、概要📄）
- 平成22年版地方財政白書（HTML、PDF、概要📄）

06 「ものの本」に当たる

「ものの本」で、王道・基本の考えをつかむ。

▶ 自分の分野の「ものの本」を知る

「ものの本」という言葉があります。「ある特定の分野についてのあれやこれやが書かれている本」といった意味でしょうか。

役所の仕事は法令で規定されていることが多いものの、条文に記載されているからといって何でも割り切れるわけではありません。むしろ、解釈によっていかようにも読み取れることのほうが多く、判断に迷うこともしばしばだと思います。

そんなときに役立つのが、「ものの本」です。

特定の法律や行政行為について深く掘り下げてありますので、困ったときの拠り所として大いに助かります。自分の分野ではどの本が定番なのか、あらかじめ知っておきたいところです。

▶ 読んでいるうちに整理されてくる

定番の本は、多くの自治体職員に読まれ、共通見解となっていきます。「あの本に書いてあるのだから間違いない」という感じです。上司や議会への説明でも、「○○にそのように記載されています」と伝えられれば、説得力が増します。

しかし、もちろんすべてのことが網羅されているわけではありませんし、時代の変化にピッタリ合っているとも限りません。こちらが求める内容と異なる場合もありますし、首をかしげたくなる解釈

がなされている場合もなくはありません。ですから、すべてを鵜呑みにするのは危険です。

　だとしても、まずは「ものの本」をしっかり咀嚼しましょう。それが出発点になるからです。読んでいるうちに、頭の中が整理されてくるという副次的要素もあります。

地方公務員が活用する「ものの本」の例

『新版　逐条地方自治法』 （松本英昭著／学陽書房）	自治法解釈・運用の定本。著者は元自治事務次官。「地方自治の神様」と呼ばれた長野士郎氏による前版も有名
『地方自治小六法』(学陽書房) 『自治六法』（ぎょうせい）	憲法をはじめ自治法、地公法など実務で使う法令を収録。どちらかは持っておきたい
各種「実務提要」	この場合はこう解釈する、実例はこう、と微に入り細を穿つ。自分の担当する業務の実務提要がどこにあるか知っておく
『地方公共団体歳入歳出科目解説』（ぎょうせい）	財務会計事務に必須の本。どの科目から支出すべきか迷ったら、この1冊

主な自治体職員向けの雑誌

「ガバナンス」 （ぎょうせい）	地方自治全般を扱う総合情報誌。多彩な執筆者による特集、現役職員による連載など
「日経グローカル」 （日本経済新聞社）	地方創生・地域経営の専門誌。店頭販売はなく予約購読。独自調査、先行事例が充実
「自治実務セミナー」 （第一法規）	地方公務員のための実務誌。昭和37年創刊の老舗。時機に合ったテーマを詳解

07 新聞を読み、世の中の流れをつかむ

新聞には力がある。毎朝チェックしよう。

▶ 公務員ならまずは地方面

速報性に優れ、いろいろな意見を閲覧することができるネットの存在感がますます高まり、若者世代の新聞離れがどんどん進んでいるように感じます。

しかし、それでも新聞は重要です。新聞に取り上げられるということは、記者の目に留まり、社としても伝えるべきと判断されたことになります。

特に、自治体職員にとって欠かせないのが、地方面です。なぜなら、職場の上司も、議員も、地域の人も、事業者も、地方面に目を通しているからです。

地方面には、地域の小ネタが満載です。「○○市が企業と連携協定を結んだ」「次の日曜日に△△というイベントが開催される」といったローカルニュースが盛りだくさん。仕事に使えそうな内容や、知らないと業務に支障が生じかねない記事もあります。

▶ 朝の短時間で新聞を読むコツ

新聞を読むときは、なるべくスピーディに全体を把握しましょう。

まず、①地方面をくまなく読む、②1面の見出しをチェックし、気になった記事を拾い読む、③2面・3面をざっと見て、大きな政治的な動きがないか確認、④関心がある内容の場合、社説を読む、

⑤後ろに飛んで、社会面の見出しをチェック、⑥その他の面を、見出しを中心に流し読み、といった手順です。

そのうえで、時間があれば、気になる記事をしっかり読みます。それぞれの新聞の特集記事や名物コラムも大切です。習慣として読むようにしておくと、世の中の流れが見えてきます。

地方面には地域ネタがいっぱい

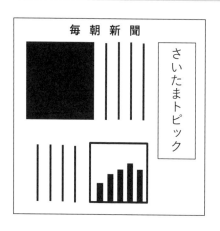

● 各都道府県やその中の地域ブロックごとにニュースを掲載

● 一般には社会面の手前のページに掲載される

新聞を読まないと会話にならない

08 雑誌を流し読み、世の関心事を知る

スピードを上げた流し読みで知識を吸収する。

▶ 雑誌の特性は専門性＋速報性

　雑誌は、速報性では新聞に劣りますが、深く切り込める分だけ専門性では優位にあります。一方、1つのテーマでとことん深掘りする書籍と比べると、専門性では劣りますが、速報性では優位にあります。

　出版不況の中、低迷が続く雑誌ですが、世の関心事を知るために大いに役立ちます。雑誌の特性を知って、上手に活用していきましょう。

　ただし、じっくり腰を据えて読み進め、週刊誌を読了するのに数週間もかけてしまっては、速報性がすっかり失われてしまいます。

　そこで、「流し読み」です。まずは目次を眺め、面白そうな記事を見つけたらその記事を読みます。この部分はじっくり読めばいいと思います。その他の部分については、ざっと読むにとどめます。それだけでも、キーワードは記憶の片隅に残ります。その記憶の断片が、いつか仕事に役立つことがあるのです。

▶ 見出しからヒントを得る

　雑誌の見出しや広告は、短いフレーズで興味を引き付けるものになっています。新聞の下の広告欄や電車の中吊りを見るだけで、世の中の流れがわかります。

　大衆誌のほか、経済誌の見出しにも目を向けると、経済のトレンドが見えてきます。

　雑誌の見出しでこの項目立つのは、「年金」「老後」といった言葉です。流行り廃りなく見出しを飾るのは、「教育」「子育て」といった言葉でしょう。株式市場に勢いがあるときは、「投資」「儲かる」といった言葉が躍ります。

　世間の関心を知ることは、住民を理解するためにも不可欠。仕事にもきっと役立つはずです。

毎号、見出しを押さえておきたい雑誌

有力週刊誌	「週刊文春」 「週刊新潮」　など	芸能人のスキャンダルネタが目立つが、政治や経済にわかりやすく切り込む記事もあり、世の中的に何が注目されているかわかる。単純に、中吊りを読むだけでも楽しい
ビジネス誌	「週刊東洋経済」 「週刊ダイヤモンド」 「日経ビジネス」など	どの雑誌も読みごたえあり。あれもこれも読もうとすると大変なので、どれか1冊に的を絞るか、気になる記事があった場合に深読みするか
その他	「会社四季報」	上場企業が一覧できる。各企業が力を入れている点や好不調がわかる。通読は難しいが、パラパラ眺めるだけでも意味がある

09 読書で知識・視野・人間性を広げる

公務員に教養は必須。読書で教養を深めよう。

▶ 本を読まないなんて、もったいない

「本を読まない」という人がいます。「もったいない」としみじみ思います。

人それぞれ、何をどうするかはもちろん自由です。それでも、本を読まないことはなんともはや、惜しいことに思えます。

人類は、何千年もの間、その思いや知識を「本」という形で残してきました。書き手は、紙の前で、キーボードの前で、苦しみ、悶えながら文字を書き連ねていきます。呻吟して絞り出した文章が、日の目を見ないままで埋もれていくこともしばしばです。歴史の評価に耐え、時代を超えて残り続けることは、本当に至難の業だと思います。本を読むということは、先人が魂を削って生み出した作品を、居ながらにして自分のものにできる機会を得るということなのです。

▶ 読書の価値は無限大

どんなに波乱万丈な人生を送り、勉強熱心で、人を思う気持ちがあっても、自分だけで体験できること、調べられること、感じられることには、限界があります。本を媒介にすることで、世界は無限に広がります。ビジネスマンに教養が欠かせないといわれる昨今、本ほど教養を得られるものはありません。

　本を読むと「世界は広い」と心から思います。人間の素晴らしさ、醜さ、美しさが胸に迫ります。仕事に直接つながる本も、つながっていなくもない本も、全くつながっていない本も、できればすべて読んでいきたいものです。

　本を読まないなんて、そんな、もったいない。

読書の効能はこんなにある

- 最新の情報が得られる
- スキルやノウハウが身につく
- 疑似体験ができる
- 知識を体系的に学べる
- 先達の知恵に学べる
- 語彙力がアップする

自治体職員へのおすすめ本

・ドラッカーの著作（『マネジメント［エッセンシャル版］基本と原則』（ダイヤモンド社）など）
　→「マネジメント」の発明者。どの本を読んでも金言の連打。入門書として、『もし高校野球の女子マネージャーがドラッカーの「マネジメント」を読んだら』（ダイヤモンド社）を読むのもあり
・『FACTFULNESS』（日経BP）
　→俗説に流されず、世界を正しく見る方法が学べる
・「業界地図」（『会社四季報業界地図』『日経業界地図』など）
　→毎年発行される。どの業界が調子がよく、その中でどの企業のシェアが大きいのかなどが、一目でわかる
・ぜひ小説も。川端康成、太宰治、井上靖、カミュなどの評価が定まった作家から気鋭の作家まで。いろいろ読んで世界を広げたい

10 読むべき本を 適切に選ぶ

待っているだけではいい本には巡り会えない。

▶ いい本にはこちらから会いに行く

　時間は限られた資源ですから、有効に活用したいもの。「自分にとって読むべき本」をうまく選びたいところです。そして、その中から「座右の書」とでも言えるような、いつでも立ち戻れる1冊に巡り会えたら幸せなことです。

　いい本は繰り返し読んでも、そのたびに違う発見があります。そんな本にはどうしたら巡り会えるでしょう。テレビであれば、たまたまチャンネルを回していたらいい番組に出会うこともありますが、映画の場合、自分から映画館に足を運ばないといい作品に巡り会うことはありません。

　読書も同じです。いい本に巡り会うためには、こちらから会いに行く必要があります。私は、「手当たり次第法」とでも呼ぶ方法を取っていますが、もっと効率的な方法もあります。

▶ いい本を探すコツ

　一番は、身近な本好き、読書家に聞いてみること。近くに読書好きで、仕事もできる人がいたら、おすすめの本を聞いてみましょう。

　良書を紹介している本を読むのもいいと思います。専門家や知の達人的な方が、おすすめ本を挙げています。分野別に紹介しているケースが多いので、自分に合った本も見つけやすいと思います。図

書館や書店のおすすめ本コーナーも、間違いないでしょう。

　もちろんネットを使う手もあります。「ビジネス　おすすめ　本」などと入力して検索すればいろいろな本が出てきます。ただし、ネットの情報が玉石混交なのは言わずもがなですから、鵜呑みにはしないように。Amazon などの書評も、参考にはしても信用はしないほうがよいでしょう。

読むべき本の探し方

人に聞く　読書家に聞くのが早いが、そうでない人も「この１冊」という本を紹介してくれるかもしれない。地方公務員であれば、図書館にも同僚がいるはずで、その人たちに聞いてみるというのも一案

図書館で
探す　図書館はぜひ使い倒そう。期間限定で開催している特集や当日返却本の中にも新たな出会いがある。庁内図書室は業務関連の専門書・雑誌が充実。議会図書館も、議員以外も使える場合は有効に活用したい

読書本に
当たる　雑誌の特集で「読むべき本」といった企画が行われることがある。その本を買って、気になる本から読んでいくという手もある

ネットを
活用する　誰もが考える方法だが、検索の仕方によって結果が変わってくること、ネットの情報はあまりあてにならないことなどを押さえておく必要がある。信頼できる書評ブログを見つけ、そこで紹介されている本を読むのが確実

企画・財政部門で
身につけたい力 ＝「想像力」

　企画・財政部門には、世の中のトレンドを捕まえて新たな取組みを始めたり、首長の意向を汲んだ施策を立案したり、国の方針を翻訳して伝達したりする役割があります。また、役所内のあれこれを取りまとめたり、仕事の進め方を工夫したりすることも求められます。

　他の部門からは、「現場を知らないで」「面倒なことばかりやらせる」といった具合に見られがちです。やっかみも混じり、そうした部門があるフロアを指して「〇階の連中は何にもわかってない」などと言われることもあるでしょう。スタンドプレーで余計な負荷をかけてはいけませんが、やるべきことはやるべきですから、なんと言われようとくじけずに頑張ってください。

　そんな企画・財政部門の職員が身につけるべき力は、「想像力」だと思います。このままいったら、10年後に地域はどうなるのか、自分の自治体はどうなるのか、この手を打ったらどんな変化が期待できるのか、そんなことを思い巡らす力が必要でしょう。

　企画・財政部門には、いろいろな情報が集まってきます。それをしっかり咀嚼し、自分たちのものにして、使うか使わないか、使ったらどうなるかをイメージします。とりあえずやってみようと安易に始めたり、国に言われたからと右から左に流したりするような仕事をしていたら、庁内に大きなしわ寄せを与えてしまいかねません。

　何かにつけて企画・財政部門は注目されます。庁内からの不満の声に対して、「現場は全体がわかっていない」と思ってしまっては不毛な対立に陥ってしまいます。内外の関係者がどのような感情を持つかを想像し、進んで参加できるような仕組みを考えることも大切です。

第2章

書く

わかりやすく伝え、相手に届ける

役所は、今の時代も、よくも悪くも「紙の文化」です。後に続く人たちにしっかり受け継ぐために、いい文書を残しましょう。伝わる文書を意識することも重要。アリバイづくりになんでも盛り込むのではなく、届けたい人に届けるために、相手の立場に立って、思いを込めた表現を心がけましょう。

11 簡潔でわかりやすい文章を書く

求められるのは美文ではなく、わかりやすい文章。

▶ 公文書に求められるもの

公務員が書く文書に求められるのは、「誰が読んでもわかる」「見た目に理解しやすい」「誤解が生じることがない」といった要素です。

「じっくり読めば、何となく言いたいことはわかる」といった文書では困ります。省庁が作る文書は、曖昧な表現になっていたり、微妙な解釈の余地を残していたりすることから「霞が関文学」と呼ばれます。これはもちろん、ほめ言葉ではなく揶揄ですから、真似しないようにしましょう。

▶ あれもこれも詰め込まず、シンプルに書く

管理職になると、立場上いろいろな通知や起案文書などを見ますが、「イケてないなあ」と思うこともしばしばあります。特に感じるのは、①一文が長すぎる、②回りくどい、③抜けや漏れが多いの3つです。文章は、簡潔であることを心がけましょう。

「一文は、40字以内に収めるべき」という意見もあるようです。起案文などの場合は、多少説明が長くなるのもやむをえませんが、それでも70字を超えるようなら、長すぎると考えるべきでしょう。

一文に盛り込む要素がどうしても多くなってしまうときは、「箇条書きにする」「要素ごとに番号を付ける」といった方法を使い、見やすくしましょう。

　また、略語や一般化されていない外来語などは、極力使わないようにするべきです。書いている人には使い慣れた言葉でも、読む人にとってそうとは限りません。例えば、役所では「生保」と言えば「生活保護」を指すとしても、住民の多くは「生命保険」を思い浮かべるかもしれません。専門用語を使わざるをえないような場合は、どこかに注釈を入れるようにします。

　大切なのは、常に読み手の立場に立って書くことです。「読みたくない」と思われるような文書を書かないように心がけましょう。

 わかりにくい文章 **一文が長くて読みにくい**

　本計画は改正法による改正後の○○法（昭和××年法律第＊＊＊号。以下「法」という。）第8条の3第1項の規定に基づき、市町村が必要と認めるときに、○○の強化に関する計画（以下「○○強化計画」という。）を定めることができるとされていることによるもので、同条第3項に基づき、○○強化計画は、都道府県知事が基本的な方針に基づき定めるものとされていることから、地域振興センターと緊密に連携していきます。

**短文で読みやすく、
スッキリとまとめている**

 わかりやすい文章

　本計画は、災害時の対応を強化することを目指して策定するものです。地域住民の意見を取り入れつつ、地域振興センターと連携して進めていきます。
※根拠法令　○○法第8条の3第1項

12 「速く、正しく、見栄えよく」入力する

単純な「入力」と軽く見ない。配慮できるかで大きな差がつく。

▶ 期待よりも早く仕上げる

　若いうちは、「これを入力しといて」と頼まれることがよくあります。アンケートの自由記入欄、会議録のテープ起こし、先輩と一緒に行った出張の復命書など、いろいろです。

　頼んだ側には、入力して内容をおさらいすることにより、業務の理解を進めてほしいという親心もあるかもしれません。ですから、面倒がらずにしっかり取り組みましょう。

　まず求められるのは「速さ」です。期待されている納期よりも前に仕上げることを心がけましょう。

▶ 中身にも気を配る

　もちろん、速いだけで、内容が不備だらけでは仕方がありません。

　テープ起こしであれば、会議での発言を一字一句書き起こすのではなく、意味が通るように書き換える必要があります。

　復命書も、「きちんと内容が理解できているか試されている」と肝に銘じて、正確に会議の内容等を記録し、自らの意見も添えます。

　文書の見栄えも大切。全角と半角が混在していたり、数字の位取りがなかったりすると、文書自体の信憑性が下がります。見栄えのいい文書は、それだけで内容もよく見えるものです。

**それぞれが話した内容が書かれている
だけで、要点や決定事項がわからない**

> 山田部長：市民イベントの名前はできるだけ親しみやすいものが
> いい。堅苦しいのは嫌だ。
>
> 鈴木課長：市民参加型のイベントにしたいので、広く市民から公
> 募してはどうか。時期も、できるだけ多くの人が参加
> しやすい時期がいつか、別途調査すべき。
>
> 伊藤主査：名称も開催時期も、どのような形で意見公募を行うか、
> また、どのような方法で知らせるかを考える必要があ
> る。広報広聴課の考えも聴くべき。

 ⭕ わかりやすい会議録

要点をわかりやすく箇条書き

決定事項

・市民イベントの名前は公募する

・開催時期については、別途、市民の意向調査を行う

議論内容

・市民イベントの名称はなるべく親しみやすいものがよい（山田
部長）

・名称は市民公募、また開催時期も調査してはどうか（鈴木課長）

懸案事項

・名称公募についてどのように周知するか

・開催時期の調査はどのように行うか

次回会議の日程

・12 月 20 日（金）13：00〜15：00　企画課会議室

13 文書の体裁を おろそかにしない

整った文書には信頼感と説得力がある。

▶ 美しい文章はいらないが、整った体裁は必須

　文書の良し悪しは内容で判断されるべきです。しかし、どんなにいい内容でも、見た目が悪い文書では伝わりません。どうしても、崩れた体裁のほうに目がいってしまうからです。

　意外とできていないのが、行頭を揃えること。Wordによる文書の場合、1文字分ではなく、微妙にずれていることがあります。数字の途中での改行も、心配りのなさの象徴のように見えます。2019年のように、数字が2行にまたがった文書は、「読み手を配慮していない」「チェックしていない」など悪いイメージになります。

　文字のフォントやサイズにも気をつけましょう。適度な種類を使い分け、メリハリを意識します。やりすぎは禁物です。

▶ 自治体のルールはしっかりと守る

　各自治体で定められた、文書作成のルールを守ることも大切です。例えば、通知文では「件名と本文は1行空ける」「件名は中央に揃える」などです。目につくのが、項目番号の付け方がルーズな人です。

　　1　→　（1）　→　①　→　ア　→　（ア）

という順番に番号を付けるということが決まっていれば、それにしっかり従うべきです。いきなり①から始まっていたりすると、それだけで説得力が下がります。1の次に、（1）をとばして①になっ

ているような場合も同様です。

 体裁が悪い通知文

以下のとおり開催しますので、ご出席ください。

①令和2年6月9日（火）午後1時30分より
　302会議室にて
②関係課長のご出席をお願いします
③議題：(1)
　　　　(2)
　　　　　　　　　　　項目番号の付け方のルールに
　　　1　　　　　　　**従っていない**
　　　2
　　　3

⭕ 整った通知文

下記のとおり開催しますので、ご出席ください。

記

1　日　　時：令和2年6月9日（火）　午後1時30分より
2　場　　所：本庁舎3階　302会議室
3　出席者：○○課長、××課長、△△課長、●●課長
4　議　　題：
(1)
(2)
　　　　　　　　　　項目番号の付け方のルールに
　　①　　　　　　　**きちんと従っている。自治体**
　　②　　　　　　　**で定められた文書のルールを**
　　③　　　　　　　**しっかりと確認しておく**

37

14 後の世代を意識して 文書を残す

その文書、何年も何十年も残されます。

▶ 自治体の文書は歴史的価値を持つ

少し時代は遡りますが、2003年、「公文書等の適切な管理、保存及び利用に関する懇談会」が内閣府に設置されました。同懇談会の設立趣旨には、以下のような内容が示されています。

「国の機関が作成し、又は取得した公文書等は、組織の活動記録であるだけでなく、国民にとっても貴重な記録であり、我が国の歴史を後世に伝えるための資料として不可欠なものであることから、これを体系的に保存することは、国の責務である。」

これは、地方に置き換えても同じです。つまり、自治体職員が作った文書は、地域にとって「歴史的な資料」となるのです。

各自治体でも、重要な意思決定をしたときの文書は、永年保存しているはずです。これらの文書は、後の世代に引き継がれます。

▶ しっかりした内容を「残し、引き継いでいく」

「後の世代」とは、20年後、30年後の人たちだけではありません。来年、再来年に文書に当たる可能性のある人たちも含みます。

次の担当者が自分の作った文書を読んで、理解できるかどうか、常に考えましょう。今上げる決裁は、それまでの経緯や首長の思いを皆が知っているので、するする通るとしても、何年か後に見た人が「はて？」と思うようでは「歴史的な資料」としての意味が果た

せません。何も知らない人が、その起案だけを読んでも全体像が理解できるような文書を作成するように心がけましょう。そうしておくことは、仕事を引き継いでいくうえでの責務でもあります。

根拠・理由・経緯等が全く書かれていない

 後の世代に伝わらない文書

　○○市住宅リフォーム補助金については、所期の目的を達成したと考えられることから、令和2年度をもって終了することとし、「○○市住宅リフォーム補助金交付要綱」を廃止してよろしいか伺います。

○ 後の世代に伝わる文書

　○○市住宅リフォーム補助金は、平成21年度にリーマンショック後の不況対策事業の一環として創設したものであり、他市に先駆けた内容が評価され、数多くの利用をいただいてきたところである。
　しかしながら、近年の実績を見ると、
・利用件数が減少傾向にある
・特定の施工事業者の活用が目立つ
といった状況にある。

これまでの経緯、廃止の具体的理由がきちんと明記されている

　さらに、建設事業者の経営環境も制度創設時とは異なり、むしろ人手不足が課題となっている。
　こうしたことから、当補助金については所期の目的を達成したと考えられるため、令和2年度をもって終了することとし、「○○市住宅リフォーム補助金交付要綱」を廃止してよろしいか伺うものである。

15 公開に耐えられる 文書を書く

役所の「文書」は公開が前提。未来に配慮して書き残す。

▶ 役所の「文書」はみんなのもの

起案文書は、課長や部長、案件によっては首長が決裁した後、保管されます。起案は意思決定のためのものですが、求めがあれば公開しなければなりません。もちろん、個人情報等の例外もありますが、原則は公開です。

役所の文書は、職員だけのものではありません。情報公開の考え方からすれば、すべて住民のものであると言えます。恥ずかしくない内容を、誰にでもわかるように丁寧に作りましょう。

▶ 常に見られていることを意識する

例えば、海外から急な来客があり、お土産を買う必要が生じたとします。金額的には高価ではなく、1社から見積もりを取れば十分だったため、A社から購入しました。そして、しばらくして再び海外から来客があり、同じくA社から購入したとします。

この例は、自治体の契約規則などでは問題が生じないかもしれません。しかし、きちんと理由が示されていなければ、第三者が後日見た場合、「なぜA社ばかりで購入し、他の店で買わなかったのか？」との疑問が呈される可能性があります。

職員は数年で異動するため、文書だけが残ります。後で事情を知らない人が読んでも疑義を持たれないよう、丁寧に経緯を残しま

しょう。この例では、最初の起案の段階でなぜＡ社を選んだのか、その理由をしっかり記載し、２回目の購入の際には、１回目のどんな点が評価され、今回につながったのかを文書で残しておくべきです。

　公開に耐えられる文書を残しておくことは、住民のためになるばかりではなく、後輩たちへの配慮にもなります。実際に公開請求されるのは、役所が扱う文書のごく一部。それでも、公開すること、見られていることを常に意識しましょう。

きちんと文書で理由を明示しておく

Ｘ国来賓へのお土産購入に関する件（１回目の購入時）

　地方自治法施行令第167条の２第１項第１号の規定に基づき、随意契約とする。なお、当市事務契約規則第10条の規定により、購入予定金額が10万円未満のため、１社からの見積もりとする。
　なお、見積もりの相手先としては、当市特産物を広く扱っており、個別の要望にも柔軟に対応できることから、Ａ社を選定するものである。

１回目、２回目ともに、Ａ社を選定した理由がきちんと書かれている

Ｘ国来賓へのお土産購入に関する件（２回目の購入時）

※１社からの見積もりとする理由は前回同様
　なお、見積もりの相手先としては、先に購入した際にＸ国から好評であった商品を扱っている事業者がＡ社のみであるため、引き続きＡ社を選定するものである。

16 「起案」を上げる

起案は「起点」。根拠、予算、合議先をしっかり確認する。

▶ 起案は出発点であり、立ち戻る場所

「起案」という言葉を辞書で引くと、「公文書の草案を作ること」といった説明がなされていることが多いようです。しかし、実際の起案は行うことの確認といった位置付けが多く、通ることが前提です。

通ることが明らかなのに、わざわざ「起案」するのは、①意思決定の過程を決まったフォーマットで残して説明責任を果たす、②いつ、何を目的に、どのように事業を行ったかを明示し、仕事の拠り所や次年度以降の参考にするという意味があります。

▶ 新しい取組みを起案する場合の注意点

新規の取組みについて決裁を上げる際には次の点に留意します。

まず、起案の根拠を明確にします。法によるもの、住民の要望によるもの、計画に位置付けられたものなど、しっかり明記します。さらに、期待される効果なども記載すべきでしょう。

経費をかけて行う事業の場合は、予算の裏付けを記述します。款項目節及び確保してある予算額を明記し、この事業が予算の範囲内で実施できることを明らかにします。他自治体の状況や国・県の施策なども、事業内容によっては書きましょう。合議先の漏れもないようにしたいところです。協議に参加してくれていたところや事業の関連先を漏らしていると、後々揉める種になりかねません。

　　件名　「謎解きゲーム in ○○商店街」の開催について

　当市の中心市街地に位置する○○商店街は、郊外に出店した大規模小売店舗の影響や地域人口の減少、消費者のライフサイクルの変化などにより、長期的に低迷した状況にある。市としては、こうした状況を克服すべく、○○商店街の後継者による組織「○○立ち上がらん会」と協議を重ねてきたところである。

　本事業は、そうした協議の一つの成果として提案されたものであり、○○商店街の振興に効果があると考えられることから、下記のとおり実施してよろしいか伺うものである。

　　　　　　　　　　　　　記

1　目　　的
　・市内外から○○商店街を訪れていただき、期間中の売上につなげるとともに、認知度を高める
　・イベントを通じて、○○商店街の一体感を高め、今後の取組みにつなげる

2　日　　時
　　令和2年9月19日（土）〜10月11日（日）

3　主　　催
　　(仮称)「謎解きゲーム in ○○商店街」実行委員会
　　実行委員長（予定）：「○○立ち上がらん会」会長

4　予　　算
　　(款) 7 商工費　(項) 1 商工費　(目) 2 商工業振興費
　　004 商業振興事業　(節) 18 負担金補助及び交付金
　　39 中心市街地商店街活性化推進事業補助金　11,000 千円のうち 500 千円

5　事業の概要

予算の裏付けが明記されている

17 読む人の立場に立って起案する

上司が気持ちよく判子を押したくなる起案を書こう。

▶ 前任者の起案がベストとは限らない

新規の取組み以外、起案文書の多くは、前任者が作ったものを複写、いわゆるコピペして作られます。しかし、去年の起案が必ずしも適切とは限りません。工夫の余地は、きっとあるはず。条文のズレなどうっかりミスが延々と引き継がれている可能性もあります。前年の起案を鵜呑みにせず、新たな気持ちで見直すべきです。

▶ 読み手の立場に立った起案が、上司をくすぐる

起案は、作成者の手を離れ、係長→課長→部長→副首長→首長と上がっていきます。各決裁者に直接説明できればよいものの、通常は書類だけが移動していくため、それだけで完結している必要があります。つまり、「読む人の立場に立つ」ことが求められます。

役職が上がるほど、大量の書類を決裁する必要があり、個々の起案に向き合う時間はどうしても短くなります。そこで、「結論を先に書く」「理由を明確にする」「効果を示す」の3つを意識しましょう。

さらに、「法令を準用している場合は、条文をしっかり抜粋する」「過去の起案を参照すべき場合はそれを添付する」「他自治体の参考事例を添える」「複数ページにわたる場合は連番を振る」なども大切です。デキる職員の起案は、かゆいところに手が届く内容になっています。

件名：地区センターにおけるタブレット端末での相談受付について

実施に向けた準備を進めてよろしいか伺います

　近年、行政に関する相談が複雑化し、地区センター窓口での対応が困難となる事例が頻発している。さらに高齢化の進展により、本庁舎に誘導できないケースも少なくない。そこで、下記の方法により対応することとし、利便性を向上させようとするものである。

結論を先に述べている

記

1　対応

　5つの地区センターにタブレット端末を配置し、画面を通じて本庁舎の担当職員と相談していただく。本庁舎内には、相談件数が多い5課にタブレットを配置する。

2　効果

・各地区センターにおいて、短時間で相談が完結することとなり、利便性が向上する。

・地区センター職員の時間外勤務削減につながる。（各地区センター10時間／月）

・副次的な効果として、タブレット端末を活用した業務（会議開催など）ができる。

**効果（理由）を
具体的に示している**

3　予算

（1）予算要求内容

　　・タブレット端末10台分のリース費用

　　・各地区センターと本庁舎の回線使用料

　　※本決裁終了後、見積もりを徴取します。

（2）補助金

　　・○○県ICT端末導入推進補助金（補助率1／3）を活用予定

4　他市の状況

　本年度より、△△市においてタブレット端末を活用した相談事業を開始している。さらに来年度から5市において導入予定。

2

書く──わかりやすく伝え、相手に届ける

18 思いを込めた企画書を書く

企画書は、形よりも気持ちが一番。思いを込めて届けよう。

▶ 企画書作成はこれからの必須スキル

自治体職員に「企画書を書いたことがありますか？」と聞いてみたら、「YES」と答える人のほうが少数派かもしれません。

しかし、これからの変化の速い時代に、限られた職員、限られた予算で対応していくには、新たな発想が必要です。それを組織決定するためには、書式や呼び方はどうあれ、「企画書的なもの」が求められるはずです。

▶ 実現したい気持ちが一番大切

伝わってくるものがなければ、いい企画書とは言えません。企画書には、ほとばしる思いが詰め込まれていてほしいものです。

そして、企画書は「結論先出し」が鉄則です。一番上の目立つところに、ドーンとわかりやすく伝えたいことを書きます。起案ではなく、提案ですから、多少の誇張はありでしょう。

例えば、「職員提案数10倍でモチベーションも10倍」といった感じでしょうか。

そして、次のポイントを押さえることが大切です。

(1) 実施後のイメージを共有する……伝え手が描く「こうしたい」イメージと、受け手が描く「こうなったらいい」というイメージが重なったとき、その企画が日の目を見ることになります。

(2) 旬なテーマに沿った企画を提案する……時宜に合った企画も読む人の心を動かします。2019 年であれば、元号改正、働き方改革、オリンピック・パラリンピック、SDGs、などがタイムリーでした。

(3) 審査する側に立った提案をする……首長・部長の年頭挨拶や方針に沿っていると、進みやすくなります。年度途中の提案の場合、追加予算を要さない事業であれば、理解が得やすいでしょう。

思いを込めた企画書

タイトルに思いを込める

商店街輝き復活プロジェクト

～商店主と協働して、中断している祭りや
閉店している名店を復活させる～

**本文も淡々と書かず、
「こうしたい」という思いを込める**

目的：地域の顔である中心市街地の商店街を蘇らせる

・商店街は地域の顔

　　この町の、この町にしかない商店街を取り戻す

・中心市街地の商店街は文化を継承する役割

　　祭りやお囃子など、受け継がれてきた遺産を絶対
に絶やさない

・引きつける、呼び戻す

　　個性のある商店街は人を引きつける。出ていった
人ちも呼び戻せる

ときには感情的な表現もあり

19 住民に伝わる 文書を書く

「スルーされる文書」から、「伝わる文書」にする工夫を。

▶ 役所の文書を読みたがる人は少ない

　基本的に住民の皆さんは、役所からの文書を読みたいとは思っていないはずです。通知が届いたら、「嫌だなあ」「面倒だなあ」と思いながら封を開けるでしょう。読みたいと思っていない相手に読んでもらうには、それなりの工夫が必要です。

▶ 届けたい人に届けるために

　東京都文京区の税務課が発送した封筒の色が奇抜であるとして、ネットを中心に話題になったことがありました。普通の色では埋没してしまうため、鮮やかなピンク、緑、黄色で波模様が描かれた封筒を作成したのです。

　異論はあるかもしれませんが、「気づいてもらう」「開いてもらう」ための1つの工夫です。例年と同じ封筒に例年と同じ文面を入れ、「読んでもらえない」と愚痴っているよりはずっと前向きでしょう。どの色で送ったら最も反応があるのか、地区ごとに色を変えるなどの工夫もしてみたいところです。効果が高かった色を使っていくようにすれば、年々効果が高まっていくことが期待されます。

　地域に回覧してもらう文書で、色を使えない場合などでも、文字のサイズやフォントなどで、いくらでも工夫はできるはずです。

　少しずつでも、届けたい人に届くような工夫を重ねていきましょ

う。「わかりやすい見出しをつける」「情報を絞り込む」「呼びかけるような内容にする」などいろいろ考えられます。

 わかりにくい文書　　　　　　　**文章だけで工夫がない**

　市民の皆様が利用しやすい窓口にするため、2020年○月○日より、毎週水曜日と毎月第1日曜日に業務時間の延長を行います。
　業務延長を行う時間は、毎週水曜日は17時15分〜19時（ただし、国民の祝日に関する法律（昭和23年法律第178号）に規定する休日に当たる日を除く。）、毎月第1日曜日は8時半〜17時15分（1月の第1日曜日が、三が日に当たる場合を除く。）、3月の最後の日曜日は8時半〜17時15分となります。

○ わかりやすい文書　　　　**情報を端的に伝え、簡単なイラストを使って視覚的にもわかりやすい**

水曜日は
午後7時まで　※祝日、年末年始を除く

市役所が
もっと便利に！

第1日曜日は
開庁日

20 チラシ、ポスターで相手を動かす

体裁よりも、伝わるかどうかにこだわろう。

▶ 誰にどうしてほしいかを突き詰める

　チラシやポスターは、知らせたい相手に特定の情報を伝えることが目的です。ありとあらゆる場合を想定し、漏れを防ぐ必要がある条例や要綱とは、目的が大きく異なります。

 伝わらないチラシ

情報量が多いのに、強調箇所もなくわかりにくい

　　　　　第4回　○○市健康ウォーキング大会
　○○市では、市民の健康増進を目指し、様々な取組みを進めています。第4回を迎える健康ウォーキング大会も、その一環として実施するものです。
　参加者には景品も用意していますので、是非ご参加ください。

　　　　　　　　　　　　記

1　日　時　5月10日（土）午前10時
2　受　付　××里山広場出発
3　コース　××里山広場から△△運動場までの10km

※公共交通機関を使ってお越しください
※小学生以下は家族同伴の場合のみ参加できます
※雨天決行。ただし、豪雨の場合は中止します

　　　　　　　　問合せ先
　　　　　　　　○○市スポーツ振興課
　　　　　　　　電話：××××－○○－△△△△

役所が作るチラシ・ポスターは、一般に情報量が多すぎるように思います。いろいろな条件や伝達事項を盛り込むうちに、文言が膨れ上がっているようです。

「誰にどうしてほしいか」を常に念頭に置き、相手に届く内容を心がけましょう。文字がスカスカでも、そのほうが伝わると思うなら、それでいけばよいのです。

チラシやポスター作りを専門的に勉強する時間はあまりとれないとは思いますが、日々の暮らしの中にはお手本がいっぱいありますから、盗める技術は盗みましょう。問題意識を持って作り直しているうちに、腕が上がってくるはずです。

 伝わるチラシ

情報を絞り込み、メリハリを利かせていてわかりやすい

第4回　○○市
健康ウォーキング大会

去年の様子を映した写真など

5月10日
（土）

参加者特典
・参加証明バッジ
・協力店で使える
　クーポン等

受　付：×× 里山広場
　　　　午前10時受付開始
コース：×× 里山広場から
　　　　△△運動場までの10km
　　　　問合せ先
　　　　○○市スポーツ振興課
　　　　電話：×××× −○○−△△△△

21 手帳をフル活用する

計画・メモ・記録の一元化で、仕事をコントロールする。

▶ 手帳にはスケジュール確認以外の機能もある

　手帳を使わない職員は、次のようなことを理由に挙げます。
・外部の人と会う機会がないので、予定を書き込む必要がない
・予定を書き込むだけなら、卓上カレンダーで十分
・サイボウズなどのグループウェアや、スマホのカレンダー機能を使っている

　しかし、手帳には以下のように日程管理以外の機能がいくつもあります。
・計画表（決まった日程ではなく、「いつまでに何を」を書く）
・メモ（思いつきやちょっとした気づきを書き留めておく）
・記録（読書や運動の記録を残しておく）

　これらも、手帳以外でも可能ですが、一元的に管理でき、手軽で続けやすいのが手帳です。

▶ 手帳を使い続けるコツ

　手帳には、使い続けるためのテクニックがいくつかあります。
　例えば、手帳にだけ書く内容を決めるという方法です。私は、本を読んだら、そのタイトルと著者、10点満点での採点を記録しています。その他、映画鑑賞記録でもいいですし、健康管理のために、体重や食事の記録でもいいでしょう。

やるべきことを書き、できたら消していくという使い方も効果的です。手帳を開くたびにやるべきことを確認できますし、終わったときに消すことで達成感も得られます。

あえて高い手帳を買うことで、「せっかく買ったのだから」という気持ちを持たせるのも、案外効きます。最初は使うこと自体が目的のようになってしまいますが、使っているうちに意味のある活用法が見つかるものだと思います。

手帳活用例

その月にやるべきことを先出しし、できたら消していく

月間カレンダーのページに、毎月、その月中にやるべきことを書いておく。仕事のことでもいいし、毎日1万歩歩く、本を何冊読む、といったことでもいい。目標達成時に二重線などで消していくと、達成するモチベーションになる

できたことを書く

1日を振り返り、その日にできたことを書く。特別何もなかった日も、「元気に過ごせた」「事故がなかったのがなにより」など、前向きなことを書き留めておく

好きなことを記録する

ランニングが好きな人ならその日に走った距離、音楽が好きな人ならその日に聞いた曲などを書き留める。後から振り返ると、その時々の気分なども思い出される。書く習慣が生まれると、アイデアなどを書き留めることにつながる

22 短く、伝わる メモを書く

メモは伝わって初めて意味がある。

▶ 伝言メモは簡潔に伝える

　人に伝えるためのメモに求められることは、「短く、わかりやすく」に尽きます。伝言メモの中には、長く書かれている割に、何を伝えたいのかわからないものもありますが、これはとても困ります。

　もともとメモは、「覚えておく」「思い出す」といった意味から派生した言葉です。見た人がパッと趣旨がわかるように心がけましょう。

▶ 自分へのメモもフォーマットを活用

　電話の取次ぎメモ用に、共通のフォーマットを使っている職場もあるでしょう。「いつ」「誰から」「何の用件で」「どうしてほしいのか」がわかるようになっているはずです。

　自分へのメモもそれを応用しましょう。

　上司や先輩から指示を受けたとき、最初は何のことかさっぱりわからないということがあります。後で見返しても、いつ、どこで、誰に言われたのかがわからないと、調べる糸口を探すのも大変です。

　メモを取る場合に必ず書くべきことを決めておいて、振り返るときの突破口にしましょう。5W1Hと言われる、「いつ」「どこで」「誰が」「何を」「なぜ」「どのように」がわかることが基本です。

　当たり前のことですが、気をつけたいのは、「読んで理解できる

こと」。自分用のメモだからといって、省略しすぎたり、殴り書きで自分でも解読不能だったりしては、意味がありません。

自分メモの例

い　つ　：　　　月　　日（　　）　午前・午後　　時　　分

指示された時間や場所まで書いておくと、後になって記憶がよみがえりやすい

どこで　：

誰　が　：

（一緒にいた人）

一緒にいた人を記録しておくと、確認したい内容が出てきたときに、その人に頼れる可能性がある。言った言わないも回避できる

何　を　：

どのように　：

「どのように」の欄には、その場の空気感も書いておく（丁寧に教えてくれた、イライラしていた、など。このメモが誰かに見られるかもしれないので、その点は配慮する）

23 「図」を描いて 直感的に理解する

上手な図はいらない。定型パターンを持っておこう。

▶ 「図」の力

「わかりにくいな」と感じたら、図を使って理解を促すと効果的です。図に書くことで、頭の整理に加え、記憶の定着という効果も生まれます。

上手な絵を描く必要はありませんし、誰かにわかってもらうことも求められません。自分だけがわかればいいのです。そう考えると、ハードルも低くなるでしょう。

▶ 決まったパターンを持っておく

理解するためにさらっと図を描こうとしているのですから、悩んで進まないのでは本末転倒です。そこで、自分なりのパターンをいくつか持つ方法がおすすめです。オリジナルな図が浮かばなければ、とりあえず決まった型に押し込んでみるのです。

例えば、4象限に分けるというやり方があります。ある政策を検討する際、横軸に「効果が高い・効果が低い」、縦軸に「コストがかかる・コストがかからない」を取り、個々の取組みを4つの象限のどこかに落とし込みます。すると、すぐにやるべきこと、じっくり取り組むべきこと、やるべきではないこと、などが浮かび上がってきます。

象限に分ける手法は、何を軸にするかによって結果が変わります

し、物事を単純化しすぎているなどの課題もありますが、大まかな傾向を捉えるのには適しています。他には、集合を表すのに便利な「弁図」、魚の骨とも言われる「特性要因図」なども有効です。

　図を描くこと自体が目的ではないので、無理に図にする必要はないものの、使いこなせればとても便利な手法です。自分の得意な図をいくつか持っておくとよいでしょう。

４象限マトリクスの例

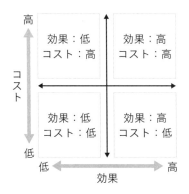

弁図の例

A：公益性が高い　　B：民間事業者の
　　　　　　　　　　　提供が見込めない

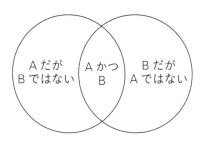

24 メールを ないがしろにしない

メールでわかる気配り力。便利だからこそ丁寧に。

▶ 便利だからこそ気をつける

メールは、本当に便利なツールです。

電話は、相手にとって迷惑なタイミングで割って入ることになったり、なかなかつかまらなかったりする場合もあります。また、FAXや郵便は、返事をもらうまでに時間がかかってしまうこと、届いたかどうかの確認が取りにくいことなどの課題がありました。

一方、メールはいつでも送ることができ、個人のパソコンに直接届き、返事も早目にもらいやすいなど、利点だらけに見えます。

しかし、自由に送れるメールだからこそ、相手の身になって考えたいところです。相手は、日に何十通もメールを処理しなければならない状況かもしれません。

▶ メールで配慮したいポイント

まずは、件名に気を配りましょう。件名だけで内容がわかるように、明確に記します。返信の場合も、しっかり件名を付け直します。例えば、「先日はありがとうございました」というメールへの返信を、そのまま「RE：先日はありがとうございました」として返信するのは、心がこもっていない感じがします。

本文も、簡潔に要点を絞って書きましょう。また、一文が長くなってしまうときは、視線を動かさずに読める長さで、キリのいいとこ

ろで改行しましょう。

　返信が必要な場合は、できるかぎり早く対応しましょう。検討に
時間がかかる際には、まずその旨を返し、相手を安心させるのがマ
ナーだと思います。

 配慮が足りないメール

件名：	RE：先日はありがとうございました

佐々木様
　　　　　　　　　　　　件名を直さず返信している

　いつもお世話になっております。昨日はお時間をいただき、誠にあ
りがとうございました。改めまして、次回の審議会は 25 日（木）14
時より第二庁舎・福祉総務課会議室にて行いますので、ご多忙な折、
たいへん恐縮ではございますが、ご出席いただきたく、ご案内を申し
上げる次第ですので、何卒よろしくお願い申し上げます。

　　　　　　　　　　　　　　　　改行がなく読みにくい

 読みやすいメール

件名：	次回審議会のご案内

佐々木様
　　　　　　　　　きちんと件名を付け直している

　いつもお世話になっております。
　昨日はお時間をいただき、誠にありがとうございました。
　次回の審議会の日程等は下記のとおりです。
　ご出席よろしくお願いいたします。

　日時：9 月 25 日（木）14 時〜 16 時 30 分　　**連絡事項が簡潔に**
　場所：第二庁舎福祉総務課会議室　　　　　　　**書かれている**

25 「板書力」で議論を促進する

良い板書は、良い議論に直結する。

▶ いざというときの板書力

　会場に黒板やホワイトボードがあったら、ぜひ有効に活用しましょう。なぜなら、板書の仕方によって、議論の質を高められる可能性があるからです。板書は、あくまで要点を書くものですが、どの項目が要点かは、基本的に板書担当が決められます。もちろん、確認しながら行いますが、主導権は書き手にあります。

▶ 上手な板書のコツ

　上手に板書するコツには以下のようなものがあります。

(1) 正確性よりわかりやすさ

　板書には、細かい正確性は問われません。求められるのは、会議であれば議論の流れをわかりやすく表示することであり、説明会であれば特に伝えたいことを強調することです。

(2) 読みやすい字、見やすい色で書く

　わかりやすい字で大きめに書くのが基本です。色はあらかじめ自分の中で一定のルールを決めて、3色程度を使い分けましょう。

(3) 視覚的に理解しやすい工夫

　重要な言葉を大きく書いて色の違うマーカーで囲んだり、箇条書きで列記したり、矢印を使って関係性を表したり。板書は基本的にいつでも消せるもの。最初はある程度大胆に書いてしまいましょう。

会議の目的を
わかりやすく書いておく

・図形や矢印などを使って見や
　すさとわかりやすさを演出
・うるさくなりすぎない範囲で、
　何色か使う

目的：○○に 500 人以上集客する方法を考える

現状の課題
・一部の人にしか知られていない
・イベント内容がマンネリ化
・参加者の固定化、高齢化

☆ PR 不足
☆内容の見直し
☆参加者の固定

アイデア	良い点	課題	実施の方向性
有名人を呼ぶ	話題性が高まる	予算の問題あり	△
食を絡める	食は人を呼ぶ	趣旨とずれる	×
他事業とタイアップ	相乗効果が狙える	日程が合うか	◎
民間を巻き込む	広く周知できる	企業の色がつく	△
SNS で PR	拡散される可能性	広がらないことも	○

・個々の発言は、なるべく短く簡潔に書く
・表形式にするなど、見やすさに配慮する

決まったことは、○で囲
むなどして、共有する

26 マスコミに魅力的な情報を提供する

「売り」「絵」「流行」3点セットでアピールを！

▶ 記者さんたちは忙しい

他の自治体が取り上げられた記事を見て、「あれ、こんなこと、うちの市ではとっくにやってるぞ」と思ったことはありませんか？

なぜ、うちの自治体の取組みは記事にしてもらえないのか。それは、記者の立場に立てば理解できるはずです。記者には、日々多くの情報が提供されますが、そのすべてを記事にすることはできないため、情報を取捨選択します。どれを記事にするかを考える場合、まず意識するのは「ニュースバリューがあるかどうか」です。

加えて、「時代や時機に合ったものかどうか」「読者の関心が高いものかどうか」といった要素も判断材料でしょうし、「記事にしやすいかどうか」という点も少なからずあるでしょう。

つまり、忙しい記者の皆さんが、記事にしたいと思う動機付けが必要なのです。

▶ 取り上げたくなるような伝え方をする

記者の立場に立てば、次のような項目に注意するとよいでしょう。

(1)「売り」を示す……「国内初」「21世紀初」「過去最大規模」など、わかりやすい売りを示します。

(2) わかりやすい「絵」を提示する……誰が見てもわかりやすい画像があると、記者にも伝わりやすく、記事にもしやすいと思いま

す。季節の花や親子連れの写真などが定番です。

(3) 流行に乗せる……時流に乗せた情報提供が記者を動かします。オリンピック・パラリンピック関係や、世界遺産、新元号など、その時々で話題のテーマを盛り込むとよいでしょう。

情報提供の例

見出しはわかりやすく。
「○○初」「○○最大」などは、
取り上げてもらいやすいキーワード

県内初！水素自動車を導入します

　○○市では、公用車に水素自動車を導入します。
　環境先進市を目指す「エコ2030」事業の一環であり、県内初の取組みとなります。

字体やサイズに変化をつけて、
伝えたい内容を目立たせる

　お披露目式を
　　○月○日（　）　午後2時より
　　××小学校グランドにて
開催します。
　お披露目式には、パラアスリートの○○さんをお招きし、子どもたちと一緒に水素自動車と走る100m競走のエキシビジョンを予定しています。
　試乗会もございますので、是非ご来場ください。

取材に行きたくなるような要素を加える。
・絵になる　　・旬な話題　　・体験

27 議会答弁3か条を押さえる

まずはしっかり「型」を押さえる。

▶ 議会は千差万別

　基本的に、地方公務員は日本中で同じような仕事をしているはずです。自治体ごとに施策や仕事の進め方に特色はありますが、やるべきことの多くは法律で決まっているため、仕事の内容は似ていて当然です。

　しかし、議会は別。日程の決め方、審議の方法、質問の仕方など、各自治体で独自の対応がなされています。ですから、こうすれば間違いないという「正解」はないと考えるべきでしょう。

▶ 議会答弁書作成のコツ

　それでも、押さえておくべき「型」はあり、しっかり理解しておく必要があります。

　議会答弁書は、普通の行政文書とはかなり異なる特色があります。具体的には、「紙で提出されるのではなく、耳で聞くことが前提とされる」「短時間で内容を決定する必要があるうえ、影響力が大きい」「同様の質問でも、書き手によって答え方が大きく変わる」などです。これらを踏まえ、以下の3点に注意しましょう。

(1) 聞かれたことに答える

　基本中の基本です。聞かれていないことに答えたり、やたらと回りくどくなったりということがありがちなので、気をつけましょう。

(2) 相手の立場に立つ

　なぜこの質問をしたのか、議員の立場に立って答えます。必ずしも質問者の意に沿った答えを返す必要はありませんが、敬意を持って、しっかり答えましょう。

(3) 思いを届けるとともに、誰が聞いてもわかるようにする

　答弁は、執行部側の思いを届けるチャンス。質問者だけでなく、議場にいる他の議員や傍聴者にも届くよう、わかりやすさを心がけましょう。

議会答弁書作成時の注意事項

❶　聞かれたことに集中する

勝手に解釈せず、聞かれたことにしっかり答えることにまずは専念する。言い訳がましく長々と書かない

❷　読みやすさに配慮する

答弁書の読み手は、瞬間的な対応を求められる。書き手は、「字を大きくする」「切れ目のいいところで段落を変える」「固有名詞には読み仮名を振る」などの工夫により、読み手を支える

❸　同音異義語に注意する

「市立」と「私立」、「排水」と「廃水」など、同音異義語がある場合、なるべく別の言い方にする。それしか言いようがない場合、「試行、試しに行うということですが」のように注釈を付ける

28 自分に合った
「発想法」を見つける

アイデアを生み出す仕掛けを持っておく。

▶ 発想法が必要な場面がきっとある

研修で「ブレインストーミング」を体験した人は少なくないと思います。「○○市の魅力」や「10年後になりたい姿」などのお題を与えられ、意見を述べ合います。そして、出されたアイデアや意見は、KJ法によってまとめたりしたでしょうか。

しかし、実際の仕事でブレストを行う人は多くない気がします。企画や広報にいるわけではないから、発想法を使う場面がないと思っているなら、ちょっと残念です。発想法がいらないならアイデアがいらないし、アイデアがいらないなら頭を使う場面もないのかなと思うからです。

おそらく、発想法が不要なのではなく、使い方が知られていないのだと思います。どんな仕事でも、アイデアが必要ないなどということはありえないでしょうから。

▶ いろいろある、発想法の数々

アイデアを求められたとき、準備がなければ闇雲に考えるだけになります。何かを絞り出せたとしても、自分の枠を広げた発想にはなりません。毎回、慌てることにもなるでしょう。そこで、自分に合った発想法をあらかじめ見つけておきましょう。

例えば、「マインドマップ」は、簡単な絵を描きながら芋づる式

に発想を生み出す方法です。また、「マンダラート」は、3×3の9マスの中心に叶えたいことを書き、周りのマスにそのための行動を書き連ねる手法です。「オズボーンのチェックリスト」は、縮小できないか、結合できないか、などの項目をチェックしていくものです。

発想法は、アイデアを生み出すための仕掛けです。使ってみると、その効果を実感できると思います。自分に向いている発想法を探し、身につけましょう。

マンダラートの例

8つ考えなければマスが埋まらないので、発想が広がる

長時間労働の是正	休暇をきちんと取る	無駄な仕事を減らす
やりがいを持って働く	働き方改革	職場の環境改善
生産性を高める	多様な働き方を認める	余暇の充実

どんどん深掘りしていくことができる

ITの活用	事業の絞り込み	会議の見直し
印鑑の削減	無駄な仕事を減らす	紙を減らす
定型業務の見直し	庁内照会を減らす	外部視点の導入

29 事務用品にこだわる

事務用品は商売道具。使いやすいものを揃えよう。

▶ 書きやすいペンで広がる発想

　仕事で使う最低限度の事務用品は、各所属に備えられていると思います。ただ、役所の共通品として決められている文房具は、おそらく簡素なものでしょうから、たまたまそこにあるもので満足できるかどうかは別の話です。

　職場で使う文房具は、仕事を進めるうえでの相棒のような存在ですから、納得できるものを使いたいという人も少なくないでしょう。中でも、書く道具は好みが分かれます。最近は、パイロットのフリクションボールを使う人が増えていますが、0.5mm 派か 0.7mm 派に分かれます。私は書き味のよさで、0.7mm 派です。スラスラ書けるゼブラのサラサを使っている人も多いようです。

　書きにくいペンでは、発想も鈍ってしまいます。商売道具にこだわりたい人は、役所のお金で買うのではなく、自分のお金でしっかり探したほうがよいでしょう。

▶ 持っておきたい「マイ電卓」

文房具以外では、電卓も相棒となります。

　パソコンが普及し、電卓の出番はめっきり減ったものの、それでも電卓の存在意義は消えません。示された数字について、ちょこちょこっと確認したり、その場で割合を計算したりする際には、電卓の

出番となります。会議などで、提出された資料について確認する際にも、パパッと叩ける電卓は非常に重宝します。

　私が初めて財政課の職員と仕事を一緒にしたとき、その人の電卓は「加算式」というちょっと特別な仕様でした。足し算をするのに適している機種とのことでした。

　財政課や出納担当職員以外は、普段はあまり使うこともないと思います。それでも、仕事の内容に合った電卓を探しておきたいところです。いざというとき、自分専用の電卓がなく、誰かに借りて使うというのでは、ちょっと様になりません。

　財政課職員は「加算式」を使っていたと書きましたが、その他にも、税金を計算する機能が充実しているもの、桁数を多く表示できるもの、ポケットに入るサイズのものなど、様々な電卓があります。仕事内容や使い勝手に合った、ちょうどいいものがあるはずです。

　必要なときに、筆記用具と一緒にさっと持って立ち上がれるよう、自分に合った「マイ電卓」を用意しておきたいものです。

こだわりの道具で効率もアップ

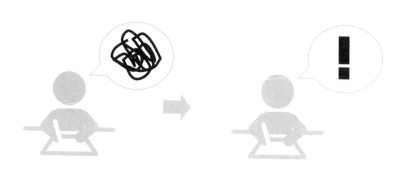

COLUMN 02

総務・議会部門で
身につけたい力 ＝「調整力」

　自治体の規模によっても変わってくるとは思いますが、総務部門は
いわゆる何でも屋さん的な位置付けであることが多いのではないで
しょうか。文書の取扱い、郵便物の集配、契約の取りまとめ、庁舎の
管理など、あれやこれやの雑多な業務を担当されているのではないか
と思います。

　さらに、議会に関することも、総務部門が所管していることが多い
と思います。議案の調整・作成のほか、議会事務局と連携しながら、
円滑な議会運営を目指されていることでしょう。

　総務・議会部門の仕事は、基本的に庁内各課を対象として進められ
ると思います。いわゆる内部管理部門として、市民や事業者ではなく、
役所の職員が直接の利害関係者ということになります。外に出る現場
を抱えている所属からは、内部相手でうらやましがられることもある
かもしれません。しかし、利害関係者が内部に限定されるからといっ
て、決して仕事が楽になるわけではありません。ずっと顔を合わせ、
何年も一緒の職場で働かなければならないのですから、むしろ気を使
う面も少なからずあるでしょう。

　そんな総務・議会部門職員が身につけるべき力は、「調整力」だと
思います。仕事を進めていくうえでは、あちらを立てればこちらが立
たず、ということがよく生じます。誰もが納得できるような案が出せ
ればそれが一番いいのですが、実際には損得が生じる場合も少なくあ
りません。部門間、職員間をつなぎ、組織として正しい方向に導いて
いくのが総務・議会部門の役割です。

　貸し借りやら根回しやらの面倒なことを含めた調整力を磨き、役所
内をうまく取り持っていきましょう。

第 3 章

そろばん

数字・財政を読み解く

どんな仕事でも、お金は大事です。計算するだけなら、コンピュータがすべてやってくれますが、数字から何を読み取るかは人間の仕事。財政に関心を持ち、実情に合わせた予算を立てることも大切。思いを実現するためには、数字に強くなることは必須です。

30 数字リテラシーを身につける

数字は1つでも、解釈は無限。いろんな角度で考える。

▶ 光の当て方によって、数字の意味は変わる

イラストのコップを見て、ある人は、「水が半分入っているコップ」と思うでしょうし、ある人は、「水が半分減ってしまったコップ」と感じるでしょう。「まだ半分ある」と見る人もいれば、「もう半分しかない」と見る人もいるでしょう。

数字も同じです。人によって解釈は変わり、光の当て方によっても変わって見えます。

例えば、2020年4月末の日経平均株価は2万円近辺であり、1989年のピークから見ると半分にまで激減していることになります。一方、リーマンショック後の最安値である2009年の8,000円割れの水準から見れば、2倍以上に急騰したといえます。同じ2万円でも、基準をどこに置くかで、全く違う姿を見せるのです。つまり、同じ数字でも、相手がどう見せたいのかということに注意しなければならないということです。

財務省によれば、国債と借入金などを合計した「国の借金」は、2019年12月末時点で1,100兆7,807億円と過去最高を更新したそうです。国民1人当たり約896万円にもなる数字であり、こんな借金はとても返せそうにありません。しかし、国債は政府が国民から借りているとも考えられます。国民から見れば、逆に資産であると

も言えそうです。

　何事にも両面があります。どちらのサイドから見るかによって、正反対の姿が映し出されることがあります。

数字の見方

推移を見る

- 2018 年の合計特殊出生率は 1.42
- そのまま捉えると、目安の 2 を割り込み、深刻の度を増している
- 推移を見ると、最低だった 2005 年よりは改善している

他と比べる

- ○○市の犯罪発生件数は過去最少
- そのまま捉えると、市独自の防犯体制が功を奏した
- 他と比べると、犯罪発生件数が減少しているのは全国的な傾向

変化率を見る

- トヨタ自動車の 2019 年度 3 月期の売上高は、前年比約 8,500 億円の増収
- そのまま捉えると、1 兆円近い巨額の増収で絶好調
- 変化率を見ると、前年比 3％足らずの伸びで大幅増収とは言えず

立ち止まって考える

- 「売上 100 億円突破でガッチリ」
  →　考えてみると「利益が出ていなければガッチリかどうかはわからない」
- 「アンケート結果では『評価する』が 8 割超で、成果が出ている」
  →　考えてみると「誰にどんな質問をしたのか確認しないと正しい評価かどうかわからない」

31 「計数感覚」を
身につける

計数感覚が仕事の成否を分ける。

▶ 数字から、物事のありようを考察する

そろばん、電卓を経て、今はパソコンが計算を担っています。手書きで数字を書き入れ、電卓で検算するといった時代はとうに終わり、正しい数値の入った帳票がスラスラと打ち出されてきます。計算を機械が担ってくれる現在、我々に求められるのは「計数感覚」です。「計数感覚」を定義するのは難しいですが、「数字から、物事のありようを考察する感覚」といった感じでしょうか。

計数感覚は、急に身につくものではありません。普段の心構えが大切です。

例えば、他自治体の先進事例に触れたら、これにはどのくらいの予算を要しているだろうかと想像してみます。そして、いくらなら自分の自治体でもやるべきではないかと考えてみるのです。市内に何店舗くらいのコンビニがあるか、といったことを推測してみるのも1つの訓練になります。

▶ 100万円は、高いか安いか？

「100万円」という数字を見て、この事業に要する予算として高いのか安いのかを感覚的に理解できれば、「計数感覚がある」と言えるでしょう。

お金の話をすると冷たいイメージがありますが、役所が使えるお

金には限界があり、財政状況を理解するのは必須です。当該自治体の財政状況について、しっかり把握しておくように努めましょう。併せて、国の財政状況も知るとともに、地方財政制度全般への知識も高めていきましょう。

　数は、すべての仕事の基本です。そこをしっかり押さえられる人間が組織には絶対に必要です。

知っておくと役立つざっとした目安

【1人当たり人件費から見積もりの妥当性を判断する】

例）SE 1人月は、おおよそ 100 万円と積算
　　→　システム改修委託料に 150 万円との見積もりが出たが、SE1.5 人月分必要な業務か？
　　→　その他、正社員の人件費は 1日2万円、アルバイトの人件費は 1日1万円くらいと考える

【住民1人当たりに換算する】

例）各自治体の職員数の多さや借金の額などについては、絶対数では比較できない
　　→　住民 1 人当たりの数や金額に直して比較

【世の中全体の変化と比較する】

例）例年実施している業務の見積もりが昨年度より多めに出てきた
　　→　物品の購入が中心なら物価上昇率、人手が中心なら賃金上昇率と比較して妥当性を見る

32 財政状況を押さえて予算を得る

先立つものなくして、前には進めない。

▶ お金なしの仕事はありえない

　自治体職員の中には、「財政には関心がない」という人が少なからずいます。「自分がどうこうできるものでもないし、財政がよかろうが悪かろうが、もらえる給料は変わらない。ならば、財政は財政課が考えればいい」と達観しているようです。

　「自分の仕事はあまり予算を要するものではないので、財政について考える必要がない」と思っている人もいるでしょう。しかし実際には、その人が働いていること自体に人件費という予算が使われています。「財政状況がどうであろうと、やるべきことには変わりがない」と思っている人もいるでしょうか。けれども、財政がひっ迫してしまったら、やるべきことさえできなくなってしまいます。

▶ 財政を知らないと説得力がない

　現場の最前線で頑張る職員の中には、「財政課は融通が利かない」「現場を知らないし、決定に時間がかかりすぎる」「新しい取組みがなかなか通らない」など不満を溜めている人もいるでしょう。

　しかし、現場では意味があると思っても、予算額に見合った効果がないと判断されたら予算は付きません。財政課に「うん」と言わせなければ、その先はないのです。

　自治体の仕事は、現下の経済環境や財政状況を踏まえて実施に移

されます。思いだけで、財政という現実を知らずに提案しても、独りよがりと言わざるをえません。また、知っていれば使えていた国や県の補助制度を活用できていないとすれば、自治体に損害を与えているとさえ言えます。

　現場に詳しい人が、財政状況を知り、財政課が求める予算要求の仕方をすれば、まさに鬼に金棒。それが本来求められる姿なのです。

財政課VS事業課、これが本音？

・事業課は予算の現実を知らない
・事業課は数字を軽んじている
・事業課は将来に責任を持たない
・事業課は事業の見直しに手を付けない
・事業課の積算は大雑把すぎる
・財政が破綻する責任を事業課が取れるのか？

財政課

・財政課は現場を知らない
・財政課は数字ばかり見ている
・財政課は目先のことしか関心がない
・財政課は切ることばかり考えている
・財政課は些末なことに気をつかいすぎる
・事業が進まない責任を財政課が取れるのか？

事業課

・本来、目指す方向は同じはず
　⇒　お互いの立場に立って意見交換
・それぞれが専門としている分野は異なる
　⇒　持っている情報を共有し合い、納得し合って進める

33 3つの財政指標を押さえる

財政の良し悪しは、3つの指標でざっくり理解。

▶ 財政の良し悪しはどこで見る

「決算統計」とは、自治体の財政状況を全国一律の形式で取りまとめる統計資料の作成作業のことをいいます。1年間の歳入歳出、その他財政活動のすべてを、何十もの表に落とし込みます。今はシステムで対応していますが、以前は職員の手作業。この事務に忙殺されるため、かつて財政課の6月は「不夜城」と呼ばれていました。

最終的にその苦労の結果は、膨大な表とともに「決算カード」という1枚の書式にまとめられます。総務省のホームページには、日本中の自治体の決算カードが掲載されていますから、簡単に比較することができます。ただし、「カード」といっても、かなりの分量がありますから、すべてを比較しようとすると無理があります。

▶ 3つの指標でざっくり理解

決算統計とそれによる決算カードの数値が自治体の真の実力を表しているかというと、必ずしもそうではありません。しかし、最も比較しやすい資料ではあります。財政分析は、それだけで1冊の本ができるくらいの内容ですが、まずは次の3つの指標を押さえておきましょう。

(1) 経常収支比率……財政構造の弾力性を測定する指標。低いほど財政運営に弾力性があるとされます。自治体の健全性を図る場合、

通常この指標が取り上げられます。

(2) 歳入に占める地方税の構成比……主要な一般財源である地方税の割合を見る指標。高いほど財政の自主性が高いと考えられます。

(3) 実質公債費比率……自治体の借入金（地方債）の返済額を、その自治体の財政規模に対する割合で表した指標。低いほど借入金の返済負担は小さいといえます。

3つの財政指標

経常収支比率	● 財政分析の主役 ● かつては75％を超えたら黄信号などと言われたが、今や全国平均で90％超え ● 交付税が分母にくることもあり、税収が少ない自治体の数値がかえって良くなることがあるのに注意
地方税比率	● 通常、一般財源というと交付税などの依存財源も含まれるため、それを除いて比較する ● 経常収支比率は優良でも、こちらは低くなる可能性がある ● 国に依存しすぎている自治体は変化への対応に注意
実質公債費比率	● 低いほど借金は少ないが、必要な投資を怠っていないかという観点も必要 ● 被災地はどうしても数値が高くなる傾向がある ● 分母の標準財政規模には交付税も含まれるため、国の方針次第で数値がぶれる恐れあり

34 「国や県の動き」を 効率的にウォッチする

「パイプ」があればいいが、地道に新聞を読むことも大切。

▶ 地方分権でも、国・県の動きはやっぱり大切

　自治体には、自立的な行財政運営が求められますが、一方で、国や県に上手に頼ることも必要です。市町村よりも県のほうが扱うお金は大きく、一般に人材も豊富です。国はさらにでしょう。引き出せるところは引き出したほうがお得ですし、政策の実績が上がるという点で国や県にもメリットがあります。

　例えば、事業費のうち、国が2分の1、県が4分の1を支出して実施されるメニューをうまく活用できれば、単独で行うと1,000万円かかる事業を250万円で行うことができます。そこでいい実績を上げれば、また声がかかることも期待できます。

　「どうしてあの市ばっかりおいしい補助金をもらっているんだ」とやっかむ声も聞きますが、それには当然理由があります。積極的に補助金を獲りにいき、しっかりと実績も上げたのでしょう。築いた信頼が次の補助金を呼んでいるのです。

▶ パイプがあればいいが、地道な情報収集も欠かさずに

　多くの市町村が、幹部として国や都道府県の職員を招く理由は、彼らの手腕に加えて、パイプ役としての期待もあるでしょう。国や県の「使える」補助メニューがないか、新しい取組みのパイロット自治体を求めていないか、といった情報を仕入れることが期待され

ます。しかし、全分野でパイプ役の活躍に頼るのは現実的には無理ですし、好ましいとも思えません。

　自分たちで種を見つけるために、国や県からの通知や連絡文書、各種雑誌をチェックし、努力を積み重ねましょう。新聞で得た情報も、どの自治体も知っていると思い込まず、耳寄りだと感じたらアプローチしましょう。国や県の担当職員と緊密な関係を保つことも大切です。有益な情報を早めに得られる可能性が高まります。

国・県の動きを知るためのポイント＆留意事項

ポイント	補助金を積極的に獲りにいく	国や県の担当者は補助金を有効に使ってもらいたいと思っているもの。ちょっとした無理を聞いて補助金を獲りにいくと、その後の情報がもらいやすくなる
	出先機関との関わりを意識する	国や県が地域ごとに設置している出先機関は、政策実現の先兵役的位置付けがある。普段からつながっておくと、情報が手に入りやすくなる
	勉強会に参加する	国や県が主催する各種勉強会に出席して、質問や名刺交換をする。勉強会の主催者側は反応があるとうれしいもの
留意事項	外れの補助金もある	使い勝手が悪いうえ、制約ばかりが多い補助金も少なくないため、要注意
	短期的なメリットを狙いがち	国や県の担当者は、異動が早いこともあって短期的な効果を狙いがちな傾向があり、乗せられすぎないように注意
	上から目線の人もまだいる	市町村を下に見て、尊大な態度をとる人もいまだにいる

35 しっかり予算化して お墨付きを得る

予算がなければ動けない。実現したいならまず予算。

▶ 予算がなければ動けない

　旧大蔵省、現財務省は、「省庁の中の省庁」「省庁のトップ」とされます。一部解体され、権限は大幅に削られたのに、なぜ、財務省が力を持ち続けるのでしょう？

　それは当然ながら、お金を握っているからです。行政は、お金だけでするものではなく、思いの部分が非常に大切です。しかし、予算が付かなければ、どんなに思いがあっても、政策として実現することはできません。

▶ 予算で得られるお墨付き

　新しい事業を始めたいとき、先立つものがなければ前には進めません。「なるべくお金をかけずに行う」と意気込んでも、全くかけないということはできないでしょう。

　また、担当者が強い思いを持っていたとしても、自治体の事業としてしっかり位置付けられなければ、組織として取り組んでいくことはできません。やりたいこと、必要なことを進めるためには、予算獲得は避けて通れない道なのです。

　自治体の事業として位置付けるために必要な工程が「予算化」です。内部の審査が通り、新規事業に予算が付けば、議会の審議にかけられます。新しい事業を議会に説明し、理解してもらうのは少し

　予算化には時間も手間もかかり、どうしても避けたくなりがちですが、それを避けると、コソコソ仕事をするような格好になります。これでは広く PR できませんし、職員の士気も上がりません。きちんと予算化して、お墨付きをもらう。これが政策実現の基本です。

予算編成の流れ

4 月　新年度スタート

6 月　事務事業評価
　　　● 前年度の成果をしっかり検証してから次年度以降につなげたいもの

7 月　企画部門から次年度新規事業調査
　　　● 新規事業を実施するためには、予算要求前に審査を受ける必要がある自治体が少なくない。普段から問題意識を持っていることが大切

8 月　サマーレビュー
　　　● 自治体によっては、夏の段階で予算の大枠を決めることも

9 月　予算説明会

10 月　各所属での予算編成
　　　● 盛り込むべきはしっかり盛り込む。財政課に忖度しすぎることはない

11 月　予算ヒアリング
　　　● 伝えるべきことを誠意を持って伝える。財政課からの要望にもきちんと向き合うのがポイント

12 月　財政課査定

1 月　首長査定

36 予算獲得では「外堀」を埋める

財政課の立場に立ち、根拠を持って要求をする。

▶ 予算における「外堀」とは

「外堀を埋める」とは、徳川家康が大阪城を攻めるため、まず外側の堀を埋めた故事によります。転じて、目的を達成するために、周りの問題から片付けていくという意味で使われています。予算獲得でも、「外堀を埋める」ことは大切です。

具体的には、①関係部署の協力を取り付けておく、②地域住民の意見もしっかり聞いておく、③国や県による支援の目処を立てておくなどです。予算編成前に行うため、予算が付く前提で動くのは御法度ですが、「予算が付いたらすぐ動ける」「予算が付いたらこんなふうによくなる」といったシミュレーションをしっかり行っておきましょう。

一方、外堀を埋めるつもりで、財政課に要求する前に直接首長の了解を得たり、有力議員に話したりするのは NG です。たとえ予算が付いたとしても、信義則に反する行為は財政部門の心証を著しく害し、その後の予算編成に大きな影響を与えます。

▶ 財政課の立場に立った要求をする

財政課は、「今年だってギリギリで組んだのに、新規事業って何事だ！」と思いがちです。また、財政課の担当者の理解は得られても、上への説明が難しいと打ち明けられることもあるかもしれません。

そこで、財政課の担当者が課長、部長に説明するための材料・根拠を提示しましょう。例えば、①国と県の補助金が付くので、持ち出しはほとんどない、②県内初の取組みなので、大きな注目を集める、③最初の2年は事業費がかかるが、5年くらいで回収できる、④首長の公約に合致した事業であり、少ない経費で効果が高い、⑤自治体が関わるのは初年度だけで、以降は民間に委ねられる、などです。

　「自分が財政担当ならどう考えるか」を想像するのがポイントです。どうしたらいいか、直接聞くのもOKです。

予算獲得に向けた「外堀」の埋め方

関係部署との連携

実現したときに必要となる人員体制、例規の整備などについて、あらかじめ調整しておく

国や県との連携

補助金が付くことは予算獲得の特急券

予算

地域の意向把握

地域のキーパーソンから状況を確認しておく。地元選出議員の動きも把握しておく

事業の「売り」を見つける

「県内初」「過去最高」などの売り文句は理解されやすい

「やらなければ損」という作り込み

「初期費用は数年で回収できて、それ以降はプラスになる」となれば、必然的に予算は付く。「人員を減らせる」も伝わりやすい

37 予算科目を ざっくり把握する

すべてを理解する必要はないが、最低限のことは知っておこう。

▶ 予算科目を知らないと、思わぬ失敗につながることも

例えば、観光振興のために写真コンテストを行ったとき、賞品代を需用費中の消耗品費から支出するのは適切ではありません。この場合は、一定の行為に報い、これを奨励するという性格を持つ「報償費」からの支出が適切です。そのまま執行してしまうと、不適切な支出として問題になる恐れがあります。

▶ 理解しておきたい予算科目

まずは次の予算科目を押さえましょう。

(1) 消耗品費と報償費、食糧費、原材料費、備品購入費

最もよく使う「消耗品費」は、事務用品を買うときに使う経費なのでややこしくはありませんが、前出の「報償費」との違いのほか、食べ物を扱う際の「食糧費」、何かを作るための原材料を買う「原材料費」、一定金額以上のものを買う場合の「備品購入費」などとの違いを把握しておきましょう。

(2) 役務費と委託料

「役務費」は人的なサービスを受けたときに使い、仕様書を作り、実施を委ねる場合は「委託料」を用います。両者の違いはかなり曖昧で、混同されがちです。基本的には、簡易な作業の場合に役務費を使うことが多いと思います。

新しいものを作る場合は「工事請負費」ですが、既存施設を直す場合に、「修繕料」なのかで迷うことがあります。現状復帰するだけの場合は修繕、機能が増す場合は工事などと区分するのが一般的ですが、線引きは意外と難しい場合があります。

その他、「報酬」か「報償費」か、「補助金」か「交付金」か、「印刷製本費」か「委託料」か、など迷うケースもあると思います。基本的な考え方を押さえたうえで、思い込みで進めずに、関係課に確認を取りながら進めましょう。

押さえておきたい予算科目

予算科目	特　　　徴
消耗品費	短期間で使用に耐えなくなるもの（消耗するもの）の購入に充てる。物持ちのいい人は、同じシャーペンを何年も使うが、費目は消耗品費
報償費	お礼や労に報いるために支出するもの。お礼の意味で渡すなら、鉛筆を買った場合も基本的には報償費
原材料費	対象物の一構成部分として生まれ変わる性質を有しているものの購入に充てる。釘や針金、砂など、多種多様
役務費	人的なサービスの提供に対して支払われる経費。何か作業をしてもらうもののうち、手間賃のようなイメージ
委託料	特殊な技術や専門的知識を活用して、仕事を委ねる場合に使う科目。役務費との区別で見解が分かれることも多々あり

3

そろばん──数字・財政を読み解く

38 地方交付税の からくりを知る

地方交付税の知識は必須。まずは最低限の理解を。

▶ 地方交付税は必須の知識

　地方財政のしくみは「ややこしい」と評判がよくありません。言葉だけを見ても、「支出負担行為」「債務負担行為」「繰越明許」など、役所外の人には全く馴染みがないものばかり。職員にとっても、地方財政の奥深いところは縁遠い話だと思います。

　担当業務に加えて、財政の知識まで網羅するのは大変ですから、細部に踏み込む必要はありません。ただし、地方財政制度の根幹として、地方交付税制度の概略は押さえておきたいところです。

　とはいえ、地方交付税のわかりにくさは半端ではありません。財政部門の職員でも、なかなかその全容はつかめないほどです。ですから、さわりのところをしっかり押さえておけば十分です。

(1) 地方交付税額の算定式は、「基準財政需要額－基準財政収入額」

　一定の基準の下、基準財政需要額（標準的な行政サービスを行うために必要な支出）及び基準財政収入額（標準的な収入）が積算され、需要額のほうが多い場合、その差引額が普通地方交付税として交付されます。

(2) 交付税は地方固有の財源であり、使い途を限定されない

　国の予算資料を見ると、地方交付税を「地方への仕送り」と表現していることがあります。他意はないとしても、地方交付税は「地方固有の財源」であり、仕送り扱いはフェアではありません。交付

税によって全国一律のサービスが保障されます。

（3）不交付団体は全体の約4%

約1,800自治体のうち、普通交付税を受けていない不交付団体は、2019（令和元）年度で86団体（4%）であり、ほとんどの自治体が交付税の交付を受けています。

これらに加え、自分の自治体がどのくらいの額の地方交付税を受けていて、それが歳入の何%に当たるのか、といったことを押さえておけば、まずは十分だと思います。

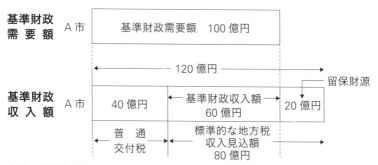

地方交付税の仕組み

基準財政
需要額　A市　｜　基準財政需要額　100億円

｜←─────120億円─────→｜　留保財源

基準財政
収入額　A市　40億円　｜　基準財政収入額 60億円　｜　20億円

普通
交付税　｜　標準的な地方税収入見込額 80億円

出所：総務省HP

基準財政需要額	何やら異様に細かい計算のもとで積算される。基本的な算定式はあるが、国の裁量で係数などが毎年変わる
基準財政収入額	標準的な税収入額に地方譲与税などを加えて積算される。こちらは自治体でも概ね積算できる

89

39 役所ならではの コスト感覚を身につける

正しいコスト感覚を持つ。

▶ コスト＝お金だけではない

　自治体職員は、「コスト意識が低い」と批判されがちです。こちらにも言い分はありますが、「コスト」という言葉は奥が深いので、その意味をしっかり理解しておく必要はあります。

　例えば、新たに施設を1億円で作ったとします。表に見えるコストは、実際に支出した1億円ですが、建設までに要した時間や労力もコストと捉える必要があります。「他の建設方法を採用すれば1億円を超える費用を要したが、建設までにかかる時間は半分以下で済み、地元との調整もずっとスムーズだった」となれば、コスト比較はトータルで考えなければなりません。また、作った後にかかる費用も考える必要があります。ソフト事業でも同様です。「とにかく安ければいい」ではなく、時間や労力といった金銭以外の要素を加味して判断して、初めてコスト意識があると言えるのです。

▶ 役所ならではのコスト感覚

　人件費はコストです。「ゼロ予算事業」と呼ばれるものも、職員が関わっていればコストはゼロではありません。とはいえ、このことを意識しすぎるのも疑問です。

　例えば、若手職員の意識を高めるような取組みに所属職員を出すことに、「その時間もコストだから」と否定的な管理職がいます。

しかし、時間外勤務にならないかぎり、追加の人件費はかかりません。職員の育成は長期的な投資でもあり、あまり細かく言うのもどうかと思います。

　また、役所は、費用対効果が低くても行わなければならないことがあります。漫然と続けるのは避けるべきですが、必要なことならばやり切るしかありません。人件費を含むコスト意識はしっかり持ちつつ、反対のための反対のために使うのは避けましょう。

役所ならではのコスト感覚

初期投資がコスト換算されない

民間であれば、土地の購入費を含めた施設建設にかけた費用を何年で回収できるかを、まず念頭に置くが、役所の場合は現実に要している光熱水費などの維持管理費のみをコストと捉える場合が多い

人件費をコスト換算することがあまりない

役所では、人海戦術でイベントを開催することが多々ある。事業費は10万円でも職員が100人拘束されれば、トータルコストは何十倍にもなるが、そこはあまり考えないことがほとんど

プロジェクトごとに清算する感覚がない

1人の職員が同時に複数の業務に携わることがほとんどだと思われるが、それぞれの業務にどれだけ時間をかけたかといったことを清算することはほとんどない

40 会計センスを養う

目先のことだけでなく、長期的スパンで見通そう。

▶ 会計のセンスが問われる時代

国全体で同じ方向を見ていればよかった時代から、地域の実情に合った自治体独自の事業計画を行う時代へと変化しています。そこで問われるのが、会計のセンスです。会計の「部分」を正しく執行する力がスキルだとすると、会計の「全体」を見通す力がセンスです。

▶ 長いスパンでコストを捉える

近年、「ライフサイクルコスト」という言葉がよく使われるようになりました。これは、何かを作る場合、初期費用だけではなく、その後の維持管理費や修繕料など、ライフサイクル全体を見通して計画すべきという考え方によります。

作るときは、あれこれ盛り込みたくなりますし、見た目も凝りたくなります。それでいて、少しでも安いほうを選ぼうとします。結果、目立つ建物が比較的安価に建てられたとしても、その後のメンテナンスが膨大に膨れ上がってしまうことがありがちです。

ソフト事業でも同様です。簡単に始められるからと手を出してしまい、継続するためにどんどん費用がかさんでいってしまうというのはよくある話です。

事業の効果・コストは、単年度ではなく、手間や労力を含めて考え、長期スパンで見通す必要があるのです。

ライフサイクルコストのイメージ

イニシャルコスト

見える部分の建設費は
建物の生涯コストの
2～3割程度です

建設費

ランニングコスト

修繕費　光熱水費

建物管理委託費　その他の費用

水面下の見えない部分
の維持管理費は建物の
生涯コストの7～8割
程度です

出所：あきる野市HP

そろばん――数字・財政を読み解く

持っておきたい会計センス

初期費用を何年で回収できるか	電球をLEDに変えれば、電気代が浮く。しかし、初期費用がかかる	何年で回収できれば意味があると考えるか
民間の力を活用できないか	役所が直接事業を進めると、5億円の費用で、3年間かかる。民間に建設後の運用まで任せれば、建設費用は不要となり、2年間でできる	民間に任せるべきか、自治体の所有とし続けるべきか
単年度の負担を小さくできないか	単年度で払おうとすると、当該年度10億円の負担が必要になる。起債するか、PFIで行うかすれば、負担額は均せる	総負担額が増しても、単年度負担を小さくするべきか

41 「稼ぐ」意識を持つ

今の役所は稼ぐことも大切。役所の強みを活かす策を。

▶ 役所だって稼いでいい

　かつては、役所がお金を稼ぐような行為は批判されたものでした。役所は税金としていただいたお金を分配することが仕事であり、お金を増やそうとするのは民間に任せておくべき、との考えが主流だったのです。しかし、時代は進み、「稼げるなら、少しでも稼いで予算の足しにすべき」との考えが広がりました。

　建物に名前を付ける権利を売り出す「ネーミングライツ」や、施設や封筒に「広告」を載せる代わりに広告料を取る取組みを行う自治体が増えました。自治体にとっては財源を獲得でき、民間企業にとっては知名度を上げるというメリットがあります。

　近年では、ふるさと納税における返礼品競争が過熱しています。もちろん節度も必要ですし、役所として超えてはいけないラインがあるのも確かですが、必要な財源を自分たちから稼ぎにいく発想は大切です。

▶ 役所の強みを活かす

　稼ぐという分野では、民間企業に一日の長がありますが、役所の強みもあります。「信用がある」「役所のお墨付きをもらうと箔が付く」といった要素は、広告事業を展開するうえで大きな利点です。また、「潰れる心配がない」「踏み倒される恐れがない」という点は、

民間企業が安心してタッグを組める要素になります。

さらに、「優良な資産を持っている」という強みもあります。駅前の一等地に広い土地を持っていたり、転用可能なしっかりした造りの建物を持っていたりするのは、民間企業からすれば実にうらやましいのではないでしょうか。

いたずらに利益を求めるのは役所にはふさわしくありませんが、民間企業と WIN-WIN の関係になれるなら、遠慮なく稼ぐことを考えていきましょう。

自治体の財源確保策

クラウドファンディング	主にインターネットを通して、人や活動を応援したいと思ってくれる人から資金を募る仕組み。民間では、映画製作などの際に使われる。神奈川県が、動物保護センターに設置した「ふれあい譲渡室」の建設費を募集した例などがある。ふるさと納税と組み合わせて実施する自治体も増えている
ネーミングライツ	公共施設などの所有者である自治体が、その施設などの命名権を企業に提供し、その売却益を受ける仕組みのこと。「味の素スタジアム」などが有名だが、公園や歩道橋など、規模がそれほど大きくないものもある
広告付き配布物	自治体が発行する各種配布物に広告掲載をすることにより、公費負担を少なくする、場合によってはゼロにする方法。各地で「くらしの便利帳」「子育てガイド」などの冊子が、公費負担なしで全戸配布されている

42 経済の動きを捕まえる

経済を知って、時代に寄り添った行政を。

▶ すべての仕事は経済とつながっている

　自治体職員で、日本経済新聞を読んでいる人は少数派かもしれません。しかし、経済に関係のない仕事はありません。福祉施策は、直接的に経済状況と関連しますし、教育も環境も、経済のつながりは非常に密接です。都市計画と経済も一体のような関係です。

　経済に無関心なままに仕事をしているとすると、「本来やるべきことができていない」、あるいは「本来やらなくてもいいことをやっている」という恐れが強いと言わざるをえません。

▶ 浮き世離れした仕事はNG

　役所で働いていると、「経済」にアレルギー反応を持つ人が少なくないことに気づきます。「経済」イコール「金儲け」と捉え、「金儲けを考える人間は、美しくない」という固定観念を持つ人が、未だに少なくないようです。

　しかし、役所の人間が尽くすべきは民間で働く方々です。その活動を「美しくない」と考えるようでは、相手に寄り添った仕事はできません。お金を稼がない役所の仕事を「一段上」のように考えているとしたら、なおさら困ったことです。

　また、経済から離れ、役所の中に閉じこもってしまうと、仕事ぶりがどうしても浮世離れしたものになってしまいます。前例踏襲、

慣習どおりというところで思考停止し、昔ながらの「お役所仕事」を続けると、住民の心も離れていってしまいます。

　住民の立場に立ったあたたかい行政を行おうとすれば、住民の置かれている状況を理解しようとするのは当然でしょう。そしてそのためには、経済全般について理解しなければなりません。経済を知っているからこそ、独りよがりではない、あたたかい行政を進めることができるのです。

経済と自治体財政がつながっている事例

経済現象		役所への影響
失業率の低下	⇒	生活保護費の減少
企業収益の上昇	⇒	税収アップ
物価の低下	⇒	税収ダウン
金利の低下	⇒	利子割交付金の低下
株価の上昇	⇒	株式譲渡交付金の上昇
土地価格の上昇	⇒	資産税収の伸び
働く女性の増加	⇒	保育需要の増加
人手不足	⇒	人材確保の難航
円安の進行	⇒	輸出の拡大に伴う税収アップ

43 行動経済学を学ぶ

どのような心理が相手の行動につながるか考える。

▶ 人間は「不合理」

従来の経済学は、人間が合理的に行動することを前提としていました。一方、人間が不合理であることを前提に、行動を心理学的に捉え、その結果を取り込むのが「行動経済学」です。

例えば、「メニューに『松・竹・梅』とあると、つい竹を選んでしまう」「先に頼みごとを聞いてもらっている人から頼まれると断りづらい」といった行動です。当たり前のことのようですが、こうしたことを理論としてわかっていると、1つの武器にできます。

▶ どんな心理がどんな行動につながるのか

行動経済学で有名な実例が、「保育園のお迎えに遅れる保護者を減らすために、遅れたら罰金を取ることにしたら、かえって遅れる人が増えた」というものです。

これは、元々はモラルに従って遅れずに迎えにきていた人たちが、罰金を取り入れたことで「お金で解決できること」と受け取ってしまったことが原因と考えられます。政策を立案する際も、安易に金銭で誘導することを戒めるべきでしょう。

民間事業者と一緒に何かを行う際にも、行動経済学が役に立ちます。事業者が、交渉を有利な展開にするために、行動経済学を応用した提案をする可能性があるからです。後で振り返ったときに「う

まくやられてしまった」と悔やむことのないように、行動経済学を基にしたテクニックについてもあらかじめ理解しておきましょう。

知っておきたい行動経済学

サンクコスト（埋没費用）

回収することができなくなった費用。理論的には意思決定の際には考えても仕方がないが、つい重要な要素としてしまう。公共事業で、すでに一定金額の費用をかけてしまった場合、見込まれる効果が小さくても最後までやり遂げようとする傾向があることに注意

おとり効果

明らかに選ばれない選択肢を加えることで意思決定を変化させる効果。例えば、商品A：750円、商品B：1,000円とだけ示されている場合は商品Aが選ばれがちだが、おとりとして商品C：3,000円を入れると、Bが選ばれるようになる

アンカリング効果

印象的な情報や数値が基準（アンカー）となって、その後の行動に影響を与える効果のこと。「通常50,000円のところ、今日だけは特別に9,980円」と言われると最初に示された価格がアンカーとなり、購買意欲が高まる傾向がある

ハーディング効果

人が他の人と群れをなそうとする効果。行列ができているお店が選ばれる傾向があるのがその典型例。近年は、ネットの評価に影響されることが増えている

現状維持バイアス

変化や未知なものを避け、現状を維持したくなる心理。一般に、新たな試みから得られる満足よりも、現状すでに得ている状況を失うことを避けたくなる。役所が往々にして前例踏襲をしがちなのもこの影響か

44 公務員だからこそ「統計」に強くなる

統計の意味と限界を知り、仕事に活かす。

▶ 現実に合わせて仕事をする必要性

2019年、厚生労働省が実施する「毎月勤労統計」に不適切な点があることが判明し、大きな問題になりました。この調査は、賃金や労働時間の推移を調べるものですが、失業手当などもこの調査を基に計算されるため、影響が広範囲に及んだのです。

もちろん不正は許されることではありませんが、この問題をきっかけに、統計調査が政策立案の基礎になるものであり、ある意味インフラに近い働きをしていることが再認識されました。統計が間違っていると、政策自体や支出根拠さえ見直す必要があるのです。

また、統計は、「以前からやっている」「実際に求めている人がいる」というだけで事業を継続するのではなく、現実に合わせて仕事の内容を変える拠り所にもなります。

▶ 統計の力と限界を知る

5年に1度行われる国勢調査は、国による各種施策の基礎資料になるとともに、自治体でも大いに参考にしています。人口については、交付税算定に直接効いてきますし、その他の数値も、交付税や補助金算定に使われます。

数字の持つ力は大きく、意味のある税金の使い方をするためには、調査結果を十分に踏まえる必要があります。一方、統計の限界も知っ

ておきたいところです。

　統計調査の基本である国勢調査も、積極的に答えてくださる方が急激に減り、統計の精度が心配されています。調査員の経験があればよくわかると思いますが、特に都市部ではしっかりした調査をすることがどんどん難しくなっています。各種の意識調査も、よほど設問を注意深く作らないと、誤った結果を導きかねません。

　統計に強いかどうかは、分析力の有無だけにとどまりません。統計の意味と限界を知り、適切に活かして初めて意味があるのです。

統計調査の限界

因果関係がはっきりしない

　「〇〇市が住みよくなっていると考える人」の割合が上昇したとしても、それが市の政策によるものなのかどうか、因果関係まではつかめない

回答者に偏りが出る

　郵送調査であっても、ネット調査であっても、回答者に偏りが出ることは避けられず、必ずしも統計結果が住民の最大公約数にはならない

設問の影響を受ける

　前提の置き方や質問の仕方によって、ある程度回答結果を誘導できる。つまり、質問の仕方によって結果が変わってくる

45 「統計数字」を読み解く

数字は、眉に唾をつけて多角的に見る。

▶ 数字は、意図をもって示されている

　交通事故死亡者数について書いた以下の2つの文章を読んで、どのように感じるでしょうか。

---

① 2018年の交通事故死亡者数は、全国で3,532人に上ると警視庁が発表した。これは、毎日約10人が痛ましい事故で命を落としている計算になる。これを受け、国家公安委員長は、「悪質・危険な運転による重大な事故も後を絶たない。対策を着実に推進する」と述べた。

② 2018年の交通事故死亡者数は、統計を取り始めて以来最小の3,532人に減少したと警察庁が発表した。過去最悪だった1970年の16,765人と比べると、約5分の1に激減したことになる。これを受け、国家公安委員長は、「国民一人一人が交通事故の防止に積極的に取り組んできた結果だ」と述べた。

▶ 眉に唾をつけて多角的に見る

　この2つは、同じ数字、同じ発言を基に、切るところを変えたものです。事実を曲げなくても、意図を持って伝え方を変えれば、数字は全く違ったものに見えるのです。

　統計数字が示され、それに基づいた解釈が示されたら、「本当にそうなのだろうか？」と疑問を持ちましょう。例えば、「意味のある数字が使われているか」「従来と比べてどうか」「他の自治体と比

102

べてどうか」などがポイントです。数字がよくなっていても、他律的・突発的な事情によるものならあまり意味はありません。数値が伸びていても、伸び率が鈍っていたら喜べない場合もあります。

「意図を持った」統計数字はたくさんあります。その意図を読み取りつつ、正しい解釈をするのも、プロの仕事の1つです。

冷静に、正しい解釈をする

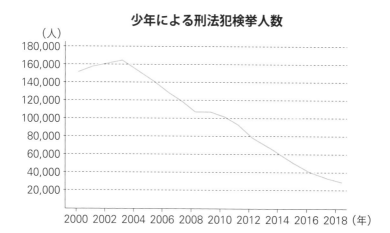

少年による刑法犯検挙人数

(人)

180,000
160,000
140,000
120,000
100,000
80,000
60,000
40,000
20,000

2000 2002 2004 2006 2008 2010 2012 2014 2016 2018 (年)

少年による重大事件が発生

⇓

「犯罪の低年齢化が進んでいる」「少年に対する対応が急務」とのイメージが広がる。しかし、実際は、少年の犯罪は継続的に減少傾向

⇓

イメージだけで動いてしまうと適切な手が打てなくなる!

46 「トンデモグラフ」を見抜く

グラフは作り手が恣意的に印象操作していることも。要注意。

▶ 見せ方次第でグラフの印象は大きく変わる

　元の数字は事実でも、作り方によってグラフの印象がガラリと変わります。例えば、次ページのグラフを見てください。

　上のグラフを見ると、合計特殊出生率は、右肩上がりで順調に伸びているように見えます。国を挙げての少子化対策が実を結んだということでしょうか？

　グラフは実際のデータを基にしていて、2005年に1.26だったものが、2015年に1.45まで上昇したのは事実です。しかし、一番底だった2005年を出発点にしている上に、目盛の取り方も実際の数値の下限値と上限値で区切っているので、目一杯伸びているように見えます。長期的スパンで、目盛の幅も広くとった下のグラフと見比べると、その差は歴然です。

　統計には、まっさらな気持ちで、まっすぐ向き合うことを心がけましょう。自分の中にある「思い込み」や、世の中でよく使われている「決まり文句」に囚われないようにするべきです。

▶ トンデモグラフを見分けるポイント

　最も多いトンデモな例は、軸の範囲を都合がいいように切り取るというものです。上のグラフでは、2005年から2015年という期間に絞り、なおかつ率の幅を1.25から1.45と狭くすることによって、

伸びが急激なものであるかのように見せています。

　因果関係が明確でないものを並べて見せて、さも関係がありそうに見せるというパターンもあります。パッと見、明らかに相関関係がありそうにグラフが推移していても、実際は見せかけのものである可能性がありますので注意しましょう。

２つのグラフを比べてみる

合計特殊出生率の推移（2005〜）

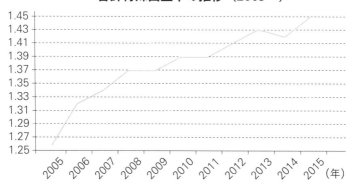

合計特殊出生率の推移（1947〜）

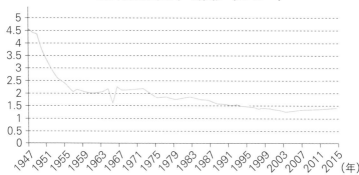

47　データは伝えたい趣旨に合わせて使う

データは「使いたいように」使う。だが「ごまかし」は NG。

▶ データは使いたいように使う

　すでに述べたとおり、数字やグラフは、書き手が恣意的に細工をしている可能性があるため、鵜呑みしないようにすべきです。

　一方、自分が書き手となってデータを使う場合は「使いたいように使う」というスタンスでよいと思います。これは、都合のいい部分を抜き取り、読み手を欺こうというものではありません。必要な部分を必要なだけ使うようにしないと、かえって混乱をきたすため、目的や用途に合わせて対応すべきということです。

　例えば、待機児童数を比較する場合、県内の全市町村と見比べてもあまり意味はありません。住環境に共通点の多い近隣市と比較すべきですし、人口等も加味する必要があります。

　また、「見せたいように使う」ことも大切です。事実を捻じ曲げるような内容は論外ですし、自分たちに都合のよい解釈を誘導するような数字の使い方も好ましくありません。しかし、伝えたい内容を効果的に見せるための工夫をすることはあってよいでしょう。

▶ 「どうすれば伝わるか」を考えてデータを使う

　例えば、待機児童数の推移を示したい場合、単に経年で見せてもあまり意味はありません。受入枠の状況、近隣市と比べた傾向などを併せて示すべきでしょう。そうした工夫をしないと、待機児童の

増減と自治体の取組みの関係がわかりません。

　また、観光客数の推移などについては、特殊事情があればそれも表示すべきです。今年の数字が減少していても、前年に10年に1度の大祭などがあった反動ならば、やむをえないかもしれません。

　財政状況については、「厳しい、厳しい」というだけでなく、「何がどう変わったから、どこが厳しくなったのか」といったことを、具体的な数字とセットで伝えるようにしましょう。

　誘導的に数字を使うと、その恣意性が疑われたときに、一気に信頼を失う可能性があります。「使いたいように使う、されどごまかしのないようにする」ことが大切です。

他自治体と比較したグラフの例

自分の自治体だけでなく
他との比較で示す

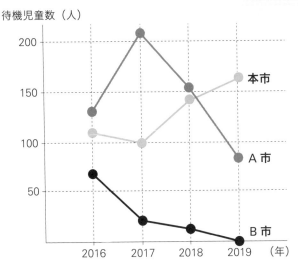

待機児童数（人）

200

150

100

50

本市

A市

B市

2016　2017　2018　2019　（年）

産業・環境部門で
身につけたい力 ＝「巻き込み力」

　近年、多くの自治体が力を入れているのが、産業・環境部門だと思います。かつては、「細々と」といっては失礼ですが、小さな組織である意味粛々と取り組まれていた分野でした。今や、産業も環境も、何をする場合であっても意識しなければならないくらいの存在感になっています。

　その一方で、この部門については、特別な危機的状況時を除くと、事業を実施しなければたちまち誰かが窮地に陥るというわけではありません。その点は福祉などとは大きく違います。即効性がない、効果が見えにくい、というのも特徴だと思います。

　さらに、役所だけがしゃかりきになってもどうにもならない分野でもあります。地域や関係団体、企業が一体となって取り組まなければ、成果は出てきません。そこで、必要とされるのが「巻き込み力」です。

　役所から、「ああしたほうがいい」「こうするべき」と言われても、多くの人はすぐには動かないでしょう。理解し、納得し、動いていただくためには、自分事にしてもらわなければなりません。そのためには、専門的な知識が必要でしょうし、それを噛み砕いて伝える工夫も求められます。さらに、「こいつの言うことならやってみるか」と思ってもらわなければなりません。

　周りを巻き込むために必要な要素は、熱意であり、誠意であり、人間的な魅力でもあるでしょう。「こうすれば人は動いてくれる」という単純な方程式はありません。だからこそ、そうした力を持っている人間は貴重であるといえます。自分には無理とあきらめず、場数を踏みながら、巻き込んでいく力を身につけましょう。巻き込み力を身につけられれば、産業・環境部門を出た後でも使える強力な武器を手に入れたことになります。

第 4 章

話す

対話の力で成果を上げる

地方公務員の仕事において、「話す」ことは大きな意味を持ちます。地域の人と、議員と、同僚と、いろいろな話をし、関係を深めていかなければなりません。真面目な話からゆるい雑談まで、そして大勢の前でのプレゼンからちょっとしたミーティングまで、話す力が試される場面はいくらでもあります。

48　対話力を武器にする

必要なのは雄弁ではない。論破の必要もない。

▶ 地域で議会で職場で　対話力は大きな武器

　公務員の仕事は、机の前だけでは完結しません。自ら、地域に、議会に、他の所属に足を運び、言葉を交わしていく中で、少しずつ前に進めていくものです。

　そんなときに必要とされるのが「対話力」です。こちらの思いや考えをうまく伝え、かつ相手の気持ちもしっかり受け止める必要があります。すべての仕事の基本が、対話に詰まっていると言ってもよいでしょう。

　地域では、「役所の職員」というだけで、良くも悪くも色眼鏡で見られます。腹を割って話せるようになるまで、根気よく対話しましょう。議会はやり込め合う場ではなく、政策を磨き上げるための場です。職場では、立場が話しているような関係にならないようにしたいものです。

▶ 「言いたいことを聞いてもらった」と思わせる

　民間企業であれば、顧客となる見込みのない方については正面から受け合わないことができるかもしれませんが、役所ではそうはいきません。老若男女、年齢、国籍等を問わず、あらゆる方と意思疎通しなければなりません。理不尽な要求に応える必要はありませんが、まずはきちんと話を聴くのが大前提です。内部事務に従事して

いる職員も、議員や他部署と日々対話しています。そして、お互いが納得できる着地点を探すことになります。

　こうしたときに求められるのは、雄弁ではありません。弁舌爽やかに、理路整然と話すことも、議論に勝つことも求められません。むしろ、勝ってしまうのはNG。「言い負かされた」と感じさせたら、悪い印象だけが残ります。反対に、「言いたいことを聞いてもらった」と感じてもらえたとしたら、次につながるでしょう。

対話を意味のあるものにするために

聴く気持ちを伝える
誰もが自分のことを知ってもらいたいもの。聴こうとしているのだ、ということが相手に伝わるような姿勢を見せる。きちんと聴くためには、ときに忍耐力も必要

相手の言葉を引き出す
話が弾まない状態では、聴くこともままならない。そんなときには、相手の言葉を引き出す問いかけが必要。相手が話したいと思っていることを尋ねるように心がける

こちらも開示する
先方だけに話させようとしては、相手も構えてしまう。こちらも、自分を開くべき。失敗談や誰かに助けてもらった話が、とっかかりとして効果的

49 「雑談上手」になる

雑談上手は頼られる。頼られ上手は我が身を助ける。

▶ 大切なのは知識より度胸

初対面の人と話すときは、何を話せばよいか不安になるものです。

しかし、不安なのは相手も同じ。だからこそ、うまく雑談し、場を和ませることができたら、感謝されるに違いありません。

雑談するためには、幅広い知識があれば、それに越したことはありませんが、必須ではありません。むしろ、「どんな人なんだろう？」という好奇心だけを携えて、知らない人の輪に飛び込んでいく度胸が求められます。

最も大切なのは、「主役は相手」と心がけることです。

誰でも、人から話を聞くより、自分のことを話したいもの。であれば、まずはじっくり相手の話を聴きましょう。決して簡単なことではなく、雄弁に話すより難しいことだからこそ、心がける必要があります。

沈黙を恐れてしまう人も多いでしょう。地域の方の話を聴く場合、沈黙している時間をなるべく短くしたいと思い、ついこちらから話をして間を埋めようとしてしまいます。しかし、ぐっと堪えてみましょう。すると、相手から本当に言いたかったことが漏れてくるかもしれません。

他部署の人と話すときも、できるだけ相手の話に耳を傾けましょう。話してもらうことで、相手の気持ちもわかりますし、本音に近

いものも見えてくるかもしれません。

▶ 頼られたら、自分も頼れる

一度雑談を弾ませた関係は、そう簡単には冷え込みません。そして、ふと思い出してもらえる可能性もあります。

例えば、知り合った他自治体の職員から、「今度、補助金の申請に行きたいんだけど、正直よくわからないんだよね。担当違うかもしれないけど、ちょっと教えてくれないかな？」といった連絡が入るかもしれません。雑談できた人に頼りたくなるのは、珍しい話ではないでしょう。

大切なのは、頼られたら、期待以上のもので応えること。また別の機会に頼られたら、それにもしっかり応えましょう。そして、いつか困ったことが起きたとき、今度はこちらから頼ってみてください。きっとしっかり応えてくれるはずです。

雑談のポイント	
気負いすぎない	盛り上がるに越したことはないが、あくまでも雑談。気楽に構え、笑いが起きなかったり、話題が広がらなくても焦らない
得意技を持つ	この話ならいくらでも話せる、という得意技を持っておく。困ったら、その話でつなぐ。ただし、あまり専門的ではない分野がいい
主役は相手	自分より相手に話してもらう。気分よく話してもらうために、傾聴の姿勢と適切な相槌を忘れず、素直に感心する心を持つ

50 プレゼン力を鍛える

伝わらなければ意味がない。鍛えなければ、上達はしない。

▶ プレゼンは日々求められる能力

　クライアントに企画を示す機会もないし、住民に説明会を開く場も当面はないので、「プレゼン」なんて自分とは関係ないと思っている人は多いでしょう。しかし、誰かに何かを伝える場面は、仕事をしていれば毎日のようにあるはずです。

　例えば、決裁の内容を上司に説明したり、窓口で申請書の書き方を伝えたり、苦情の電話に対応したり。これらはプレゼンとは呼ばれませんが、「伝えなければならない」「わかってもらわなければならない」という点では同じです。そして、伝えるための力があるのとないのとでは、大きな差が出ます。

　同じことを説明していても、しっかり伝わる人、相手を怒らせてしまう人がいるのは、皆さん経験されていることだと思います。

▶ コツコツ行う準備が、いつかきっと役に立つ

　プレゼンの達人として知られる故・スティーブ・ジョブズ氏も、プレゼン前には言葉や画像、照明、音響に徹底的にこだわり、リハーサルを繰り返したといいます。ジョブズ氏でさえ、懸命に準備をされていたのですから、私たちはもっと地道に準備をする必要があります。人にものを伝えようとする場合、どんな手法で、どのように伝えたら最も効果的なのか、じっくり考えましょう。

プレゼンの機会は当分ないという人もいざというときに慌てないように、「どんな方法が伝わりやすいか」「つかみにはどんなことを持ってきたらいいか」「途中に挟むエピソードとしてふさわしいものはないか」などを考え、コツコツ準備しておきましょう。

プレゼン上達への道

❶場数を踏む

経験がプレゼン力を鍛える。発表の場は自ら進んで買って出る

❷読む・見る

参考書を読んでみる。他の人のプレゼンも積極的に見る

❸日々心掛ける

ちょっとした説明もプレゼンの場と考えて工夫してみる

実際に伝える場では

❶相手の立場に立つ

相手が聞きたいと思う伝え方、時間配分などに心がける

❷人間性を伝える

自分にしかできない方法で伝える

❸なにより熱意

結局はテクニックではなく熱意

51 パワポに頼りすぎない

パワポは 1 つの手段。もりもりパワポに要注意。

▶ 書きすぎたパワポは聴く気をなくさせる

　パワーポイントでスライドを作るとき、数字やグラフなどをどんどん加えると、情報量が増し、充実した資料になるように思えます。しかし実際には、情報を入れれば入れるほど、伝わりにくくなっていきます。アリバイ作りにはなるかもしれませんが、伝わらなければ意味はありません。

　1 枚のスライドに情報を盛り込みすぎないことは、プレゼンをする人には常識になっていますが、現実にはもりもりに盛っている人がまだまだいます。注意しましょう。

▶ パワポに頼りすぎると伝わらない

　強調したい部分を、フェードイン／フェードアウトさせたり、回転させたり。パワポのいろいろな機能は作り手にとって面白く、インパクトを持って伝えられる気がします。しかし、実際には、凝りすぎたパワポはうまく伝わりません。

　話を聞きにきた人は、何らかのメッセージを受け取りにきています。パワポはあくまでも伝えるための手段の 1 つです。「人の前で説明する」＝「パワポで示す」と短絡的に結ぶのではなく、どうしたら最も伝わりやすいか考えましょう。結果として、パワポを使わないという選択肢ももちろんありえますし、使うとしても、情報を

詰め込むのではなく、伝えるための工夫を積み重ねましょう。

　外部から招いた講師でも、いまだにパワポに頼り切った講演をして、さっぱり伝わらないことがしばしばあります。そうした場に参加したら、「つまらなかった」で済まさず、反面教師としましょう。「どうすれば伝わったか」「パワポを使うならどういう工夫が必要だったか」など、自分事として考える癖をつけることが大切です。

ダメなパワポプレゼンあるある

❶ 1つのスライドに盛り込みすぎ

字が多い、数字が細かいなど。見えないスライドなら、ないほうがまし

❷ 話していることとパワポの内容が同じ

これでは講師が来ている意味がない。睡魔に負ける人続出

❸ 凝り過ぎ

アニメーション機能が使われすぎていると、見ている方は疲れてしまう

❹ スライド枚数がやたらと多い

スライドを次々にめくるばかりで、頭に入ってこない

❺ 講師の姿が見えない

暗い会場でスクリーンだけが浮かび上がり、講師は暗がりで淡々と説明。これならテープレコーダーでもいいのでは

52 ファシリテーションで会議を変える

会議を創造的なものにしよう。

▶ なぜ、会議は役に立たないのか？

「会議が多すぎる」「長い割に何も決まらず、生産性が低い」「時間がもったいないので、できれば会議に出たくない」——。皆さんも思ったことがあるでしょう。

会議が機能しないのにはいくつかの理由があります。代表的なのは、次の3つです。

- 会議の目的を参加者が理解していない
- 参加するべき人が参加していない
- 会議の進め方のノウハウが足らない

すべてを一度に解消することは難しいかもしれませんが、会議の場を生産的なものにすることは、運営側の努力でなんとかすることができます。そのための手法の1つが、ファシリテーションです。

▶ 会議は変わる、変えられる

ファシリテーションは、英語の"facilitate"の名詞形です。"facilitate"には、「容易にする」「楽にする」「促進する」という意味があります。「仕切る」「結論づける」という意味ではないことに注意しましょう。ファシリテーションは、参加者の意欲や新しい発想などを引き出し、会議を創造的なものにすることを目指すものなのです。

ファシリテーターは、場づくりから取り組みます。どんなメンバーで、どんな場所で、どんなふうに議論するか考えます。また、ファシリテーターは、決定権者ではありません。意見の良し悪しを決める立場ではなく、あくまで進行役に徹します。

　ファシリテーションの力を高めるには、実践と改善を繰り返すこと。正式な会議の場だけではなく、ちょっとした打ち合わせのときなど、小さな試みを重ねていきましょう。

ファシリテーターの役割

❶場づくり

当日の雰囲気づくりはもちろん、議論する場所や席の配置にも気を配る

❷参加者の力を引き出す

参加者の個性に合わせ、必要な役割を与える

❸場を整理する

自由な意見を引き出しつつ、拡散しすぎないように整理する

❹まとめる

集まりの目標に沿って場をまとめる。強引に結論を出すこととは違うので要注意

53 質問力で議論を深める

効果的な質問で、議論の質を高めよう。

▶ 質問が議論を高める

　一時ブームとなった事業仕分けですが、今ではあまり行われていません。その理由はいろいろありますが、仕分け側の「質問力」もその1つでしょう。仕分け人の質問の多くは、相手を追及し、論破するためのものに感じられました。時間の制約があるとはいえ、こうした質問をされたら、誰でも防御の態勢に入ります。やりこめるのではなく、議論を高めるような質問をしましょう。

▶ いい質問をするための心得

(1) 相手への敬意を忘れない

　質問は、詰問でも尋問でもありません。答えに窮する質問で相手を困らせ、悦に入っても意味はありません。敬意のない質問は喧嘩のようになってしまいます。

(2) カッコをつけない

　「こんなことを聞いたら恥ずかしい」「今さらなんだと思われてしまうかも」など、いろいろ躊躇する理由はあると思います。しかし、その素朴な質問が議論を動かす可能性があります。

(3) ストーリーを考える

　思いついたことを闇雲に聞くのではなく、それまでの流れやその後の展開も考えながら質問しましょう。相手を誘導するのではなく、

議論の促進を目指します。

いい質問が議論を深め、1人では決してたどり着かなかった結論に達することがあります。しっかりと準備をしたうえで、上記の点を心得ながら質問をすれば、議論の質が上がることが期待できます。

こんな質問はNG

例）目標が当初の計画に届かなったことの原因を考える場にて

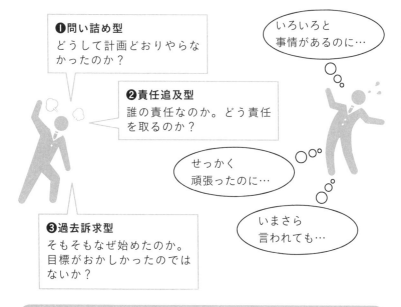

❶問い詰め型
どうして計画どおりやらなかったのか？

❷責任追及型
誰の責任なのか。どう責任を取るのか？

❸過去訴求型
そもそもなぜ始めたのか。目標がおかしかったのではないか？

いろいろと
事情があるのに…

せっかく
頑張ったのに…

いまさら
言われても…

引き出す質問例

「苦労した点はどんなところですか？」

「どんなことを工夫しましたか？」　　**「うまくいった点はどこですか？」**

54 「言った」「言わない」論争を回避する

確認事項の共有で、水掛け論は回避できる。

▶ 水掛け論は疲れるだけ

「言った」「言わない」の水掛け論は全く意味がありません。しかし、私にも、そんなことを言った覚えはないし、立場上も信念上も絶対に言うはずのないことが、相手側では「言った」ことになってしまっていた経験があります。もちろん憤慨し、否定しましたが、この論争になると勝者はいないと覚悟するしかありません。相手は本当に「言った」と思っているからです。言っていないと知っていて「言った」と言い張るような、悪意を持っているケースはほとんどありません。

▶ 「言った」「言わない」を避けるための工夫

私は、水掛け論に陥ったら、すっぱりあきらめることにしています。もちろん、相手の言い分をすべて認めるのではなく、正しい解決策を見出すように努めますが、「言った」「言わない」で時間を浪費しないように気をつけます。

誤解を避けるには、「了解事項を書いた簡単なメモをお互いに持つ」、または「会議録を合議する」などの方法をとれば、行き違いはなくなります。

そこまで正式な場ではなければ、いやらしくならない程度に、メールなどで確認事項を共有しておくということが、現実的な対応策で

す。メールなら送った履歴が残ります。「読んでなかった」と言い出しかねない相手であれば、電話でメールを送った旨を伝えておけばよいでしょう。

　そして、最後は信頼関係です。行き違いが生じないような関係を保ち、もし噛み合っていないように感じたら、その都度確認します。そうしたことを繰り返していれば、「言った」「言わない」論争は少なくなっていくでしょう。

「言った」「言わない」論争は不毛かつ勝者不在

「言った」「言わない」
論争を回避するために

➡ **❶その場で確認する**

「こういう理解でいいですよね？」

➡ **❷何かに残す**

議事録、メール、電子回覧などの
活用

➡ **❸複数で対応する**

特に役所外の人と交渉するときは、
基本的に複数で対応すべき

そもそも互いに信頼関係が築けていれば、カバーし合えるはず

55 「空気」を読む・読まないを使い分ける

住民のために「空気」を読み、組織のために「空気」を読まない。

▶ 「空気」は読むべき？

少し前、「空気が読めない」の頭文字を取った「KY」という言葉が流行りました。

組織での意思決定に際して、「空気」のようなものがあるのは事実です。結論は出ていないものの、皆が1つの方向に向いているとき、蒸し返すような発言をしてしまうと、「KY」と言われそうです。また、上司の機嫌がよくないときに、ややこしい案件を持ち込むと、それも「KY」と冷たい目で見られるかもしれません。

しかし、皆が空気を読むことを意識する職場が、新しいことを生み出すでしょうか？ 台本どおりに合意を得るような会議を是とする組織が、物事を解決できるでしょうか？

特に若いうちは、かき乱すことが仕事のようなものですから、「空気」に囚われすぎる必要はありません。そもそも論をあっけらかんと言って、場をかき乱すのも大いにありでしょう。

▶ 「空気」を読むとき読まないとき

ただし、「空気」を読むべきときも確かにあります。特に、人の感情に寄り添わなければならないときは、しっかり空気に合わせる必要があるでしょう。何らかの悩みを抱えて役所に来た住民の前で、「明るく仕事をするのがポリシーだから」と騒いでしまっては、相

手の感情を害することになりますし、何より思いやりに欠けます。

　逆に、計画どおりにいきすぎて浮足立った空気が流れている場合、戒めるために何かピリッとしたことを言うのも、空気を読まない効用かもしれません。住民のためには空気を読み、組織のためにはあえて空気を読まない。そんな使い分けができれば、心強い戦力になります。

「空気」を読む・読まない

「空気」を読まず、場をかき回すのは若者の役割の1つ

⇒　活気が出る、そもそも論に立ち返れる

そもそもの目的から外れていませんか？

住民と接するときは、流れている「空気」に合わせる

⇒　相手の感情に寄り添うように

確かに大変ですよね…わかります

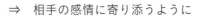

あえて「空気」と反対の行動をとる

⇒　楽観ムードは戒め、
　　悲観ムードは振り払う

Aのほうがよくないですか？

56 「正論」「王道」を主張する

無責任に「空気」に呑まれない。

▶ 「空気」は強い

「空気」は強い力を持っており、ときには、抗いがたい状況もつくられます。

例えば、関係団体との説明会の場で、厳しい状況を切々と訴えられたとします。もちろん団体関係者は共感し、役所側の参加者にも納得性が高いといった状況です。

場の空気は、いい返事をすることがここを乗り切る最善の策と伝えてきます。しかし、役所内での合意が得られておらず、予算化の目途も立っていない場合、空手形を切ることになりかねません。後で発言を覆すと、信頼関係にも支障が生じるでしょう。

「空気」は強く、読めれば読めるほどその場を丸く収めたくなりますが、そうすべきではない局面も多々あるのです。

▶ 「空気」に立ち向かうときに支えとなるもの

その場は白けた雰囲気になるとしても、役所の代表として「空気を読まない」ことが求められる状況もあります。そこで支えとなるのが、「正論」「王道」です。

例えば、特定の利害関係者の強い要請があり、本来は不要と思われる工事をせざるをえない「空気」ができあがったとき、より緊急性が高く、費用対効果もある他の事業を優先すべきという「正論」

で対抗します。「そんなことは言われなくてもわかっている」という
雰囲気になったとしても、正論の強さは状況を覆すことがあります。

業務を進める際に、抜け道や楽な方法があっても、本来通るべき
「王道」があるなら、それを主張するのも大切です。ときに融通を
利かせることも必要ですが、面倒を避けて空気に呑まれっぱなしで
は、本当にすべきこともわからなくなってしまいます。

空気に流されず、「正論」をしっかりと主張する

事例1

データが漏れた可能性があるが、開くためには暗号を解いてロックを外す必要があるうえ、開かれても個人が特定される可能性は低い

空気	正論
あえて公表して、不安をあおる必要はない	セキュリティに問題があったのだとしたら、きちんと公表するとともに、善後策を講じるべき

事例2

いつも協力してもらっている商店街から、新規事業への補助の依頼があった。既存の要綱に該当する内容はないが、拡大解釈できなくもない

空気	正論
いつも世話になっているのだから、ここは少し融通を利かせてはどうか	新たな事業に補助するのなら、まずは要綱を改正し、他の商店街にも周知したうえで実施すべき

57 「流れ」を引き寄せる

流れは自分で引き寄せる。いざというときに常に備える。

▶ 物事には「流れ」がある

スポーツで「試合の流れ」という表現が使われることがあります。強いチームは流れを捕まえるのが上手く、いつの間にか自分たちのペースにしてしまいます。

仕事にも、「流れ」があります。ちょうどいいタイミングで電話を掛けるのも流れに乗れているといえるかもしれません。大きなお金がかかる新規事業を、絶妙のタイミングで首長に進言して実現させるのも流れを捕まえたといえるでしょう。

▶ 流れをつくる、身を潜める

プロ野球で、なぜか負けがつかず、勝ちが先行する投手がいます。現ヤンキース・元楽天の田中将大投手は、楽天在籍当時の野村監督に、「マー君、神の子、不思議な子」と言わしめました。しかし、一度や二度なら偶然ですが、これがずっと続くと必然です。負けない投手には、「テンポがいい」「点を取ってもらった次の回をピシッと抑える」「味方のエラーの後に点を取られない」などの共通点があるように思います。つまり、たまたまではなく、理由があるのです。「流れ」を自分側に引き寄せているとでも言うのでしょうか。

私たちも、仕事の「流れ」をしっかり引き寄せたいものです。そのためには、常日頃の準備が大切です。例えば、上司から新規事業

の提案を求められたとき、何も思いつかなかったら流れを逃してしまいます。「急に言われたから仕方がない」ではなく、普段考えていなかったことを悔いるべきでしょう。

一方、流れがきていないときにジタバタすると、往々にして裏目に出てしまいます。そんなときは、流れがくるのを待って息を潜め、できる準備をしっかりしておくのです。

いいとき、悪いとき、それぞれに合わせた対応ができるかどうかがカギとなります。

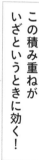

流れを引き寄せる準備の例

❶自分ならどうするか考えておく

他の係、他の課の仕事であっても、「自分ならどうするか」という目線で常に考えておけば、急に流れがきたときに捕まえられる

❷世の中の動きを知っておく

その時々に旬なネタ、押さえておかなければならない課題などを常に更新しておく。時宜をとらえた提案は採用されやすい

この積み重ねがいざというときに効く！

❸頼まれやすい体質になる

頼まれごとが増えると、それだけスキルが高まり、人脈が広がる。こちらが頼りたいときにもお願いしやすい

58 語学を身につける

語学を身につけて、世界を広げよう。

▶ ますます必要性を増す国際感覚

日本を訪れる外国人観光客の数が年々増えています。

2009 年の約 700 万人から、2018 年には 3,000 万人を突破。その伸び方は強烈です（2020 年は、新型コロナウイルスの影響で急減は避けられませんが）。

また、日本で働く外国人も目に見えて増えています。すでに都内のコンビニや飲食店は外国人の方なしでは運営できなくなっているでしょうし、その傾向は郊外にも広がっています。

こうした状況ですから、役所でも外国人の方への対応がさらに求められます。中国や韓国、台湾の方はもちろん、イスラム圏の方、東アジアの方、欧米の方など、バリエーションが増えてきたのも特徴です。文化も習慣も全く違いますから、完璧な対応は難しいと思いますが、こういうことはしてはいけない、こういうことを伝えてあげるべき、といった「国際感覚」は持っておきたいものです。

東京オリンピック・パラリンピックが 1 つの節目のように捉えられていますが、国際化の波はそこで区切りがつくとは思えません。さらに加速していくと考えるのが普通でしょう。

▶ 語学は必要

IT 技術の発展は、語学の分野にも及んでいます。今やパソコン

やスマホがあれば、英語に限らず大抵の言語は翻訳できます。さらに、翻訳専門機のレベルもどんどん向上していますから、意思疎通を図ることだけを目的にするのなら、そうした機器さえあればなんとかなります。

しかし、実際の会話の場面で、いちいち端末に言葉を吹き込み相手に聞いてもらい、相手も同様に返してくる、ということを繰り返していては、まどろっこしくて仕方がありません。やはり、生身の言葉で伝え合いたいものです。

日本人にとって最も身近な外国語は英語でしょう。国際公用語といった位置付けですから、まずは英語で会話をできるようにしたいところです。

そのうえで、中国語か韓国語、ベトナム語等のアジア圏の言葉が話せれば重宝されること間違いなしです。社会人になってから新しい語学をものにするのは簡単ではありませんが、試験に追われてやるわけではないので、じっくり腰を据えて取り組んでみましょう。

語学をものにすると、外国の人とのコミュニケーションの壁が取り払われますし、自分の世界もぐっと広がります。尻込みしていて済むような時代ではないでしょう。

公務員も国際化の時代へ

What's the matter?

怎么样了?

59 「ワイガヤ」で新たな発想を生む

にぎやかな職場からアイデアが生まれる。

▶ 下を向いているだけでは、新しいものは生まれない

パソコンがなかった時代、役所では、周りの人と何かというと会話をしてコミュニケーションを取っていました。他に方法がないのですから当然です。

今は、メールを通じて連絡ができます。ごく近くにいる人にも、「このファイルを確認しておいてください」「意見があったら、○日までにメッセージをください」などと、パソコンでやりとりします。それでも用は済みますが、なんだか味気ない気がします。画面を見ているだけでは、閉ざされた発想しか出てこないのではないかとも思えます。

▶ ざっくばらんな会話がアイデアを生む

個性的な車を次々に送り出してきた本田技研工業株式会社から生まれた「ワイガヤ」という言葉があります。「ワイワイガヤガヤ」を略したもので、立場や所属を超えて、自由にざっくばらんに話し合い、何か新しいものを見つけようというものです。

スマートさはなく、どこか昭和の香りがしますが、堅く構えていてはいい発想は出てきません。「何でも言っていい」という安心感が新しいアイデアを呼びます。

「ワイガヤ」が機能するのは、会議はもちろんですが、個々の職

場での打ち合わせやちょっとしたやりとりでしょう。前から思っていたこと、ふと気づいたことなどを遠慮なく言い合うと、相乗効果で新しい発想が生まれてくるのではないでしょうか。

「この人、こんなことまで考えているんだ」「知識が深い人なんだ」とお互いのことがわかると、日々の業務で助け合えることも増えてくると思います。

何か思いついたら、その場で顔を上げてすぐに意見を求め合えるような、にぎやかな職場にしたいものです。きっとその職場からは、新しいものが生まれてくるはずです。

ワイガヤをつくるために

❶人となりを知る

机を並べている人がどんな人なのかわかれば、さらに打ち解けて仕事ができるはず。朝礼の場などを利用して、趣味や特技、はまっていることなどを発表し合おう

❷ささっと立ち話

グループウェアを使えばすぐに済むことも、ときにはそばに行って伝えよう。立ち話しているうちに、「そう言えば」とアイデアが広がることも

❸打ち合わせの工夫

同じメンバーで打ち合わせをしていると、どうしてもマンネリ化してしまうもの。ブレストなどやり方を変える、仕切り役を変える、場所を変えるなどの工夫をしてみる

福祉・子育て・教育部門で
身につけたい力 ＝「伝達力」

　福祉・子育て・教育部門で働くことは、自治体に勤める職員冥利に尽きると言えるかもしれません。目の前に、困っている人、助けを求めている人、成長過程にいる子どもたちがいて、直接何らかの手立てを打てるというのは、霞が関にいてはできません。喜んでいただける手応えも感じられるはずです。

　こうした部門にいる職員は、事業の対象者に寄り添うことが求められます。抱えている事情は一人ひとり違うはずですから、それをしっかり受け止めて、それぞれに対応を変えていくことが必要です。

　しかし、それだけでは十分ではありません。職員の許容範囲にも自治体の財政にも限りがありますので、できることできないことをしっかり伝えなければなりません。ときに先方が冷たい感じを受ける可能性があったとしても、伝えることから逃げてはいけません。

　そこで、福祉・子育て・教育部門の職員が身につけるべき力は、「伝達力」だと思います。役所に来られる方は、こちらが思う以上に大きな期待をされていることがあります。その気持ちを理解しながら、期待に応えられなくても、正しい情報を正しい時期に、過不足なく伝えなければなりません。要望を100％叶えることは難しくても、一定レベルでの納得をしていただく必要があります。

　サービスの対象者に寄り添いつつ、役所としてできることの限界については、ある意味クールに考えるべきときもあると思います。できないことをできないと告げることを辛いと感じることがあるかもしれませんが、濁さず正しい内容を伝えるほうが、相手方の利益にもつながります。ただし、伝え方に工夫は必要です。伝達力を日々磨いていかなければならない所以です。

第5章

IT

現代のそろばんで
効率を高める

今やITなしの仕事は考えられません。得意とか苦手とか、好きとか嫌いとか言っている場合ではありません。できる限り使いこなさなければなりません。SNSが人々の生活に浸透し、ネット上で双方向性のあるやりとりが広がっています。それぞれの媒体の特性を活かして、効果的に情報を発信していきましょう。

60 ITを使い倒す

ITは使わなければ損。真正面から向かい合って使い倒そう。

▶ ITは強力な味方

私が役所に入った頃、まだパソコンは広まっていませんでした。各課に1台、ワープロがあるかないかという時代で、起案はもちろん、予算要求も手書きでした。当然、去年の資料を複写することもできず、イチから書き起こしたものです。

時代は変わり、1人に1台のパソコンが割り当てられるのが当たり前になっています。文書作成も資料収集も事務処理も、格段に便利になりました。電子メールは連絡方法の不便さを解消しましたし、SNSは広報手段の可能性を大きく広げています。

かつては、「自分は機械音痴で」などと言って、ITを避けようとしていた職員もいましたが、今そんなことでは仕事になりません。また、せっかくの有効なツールを使いこなせないのは、あまりにももったいない話です。

ITは、作業を効率化し、サービスを向上させるための強力な味方です。とことん使い倒しましょう。大きなシステムだけでなく、日常の業務にも活かせる要素が満載のはずです。

▶ 情報を仕入れる　得意な人を活かす

本屋さんに行くと、Excelの使い方だけで何冊もの本が並んでいます。それ1つで、仕事がぐんと効率化するからでしょう。また、

RPA などの技術で作業時間を大幅に短縮した、といったニュースもこの頃よく見かけます。

　こうした IT 関連の情報にはアンテナを高くしておきたいものです。そして、できるかぎり取り入れていきましょう。うまく使えれば、一気に効率が上がる可能性があります。

　IT の分野には、「やけに詳しい人」がいるのも特徴です。そんな人の噂を聞いたら、他の部の職員でも、どうしたらいいかアドバイスをもらいにいきましょう。その人にとって好きな分野ですから、きっと有益な話が聞けるはずです。

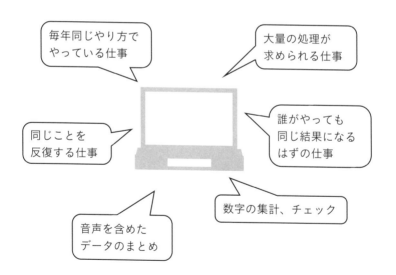

ITでなんとかできるかも？

毎年同じやり方で
やっている仕事

大量の処理が
求められる仕事

同じことを
反復する仕事

誰がやっても
同じ結果になる
はずの仕事

数字の集計、チェック

音声を含めた
データのまとめ

61 結果をイメージして検索する

検索力は仕事力。テクニックを探して即実践。

▶ 人によって検索結果は違う

検索が得意な人、検索が苦手な人が間違いなくいます。

当然、同じ言葉を入力すれば、結果は同じです。しかし、似た言葉でも少し変えるだけで検索結果は大きく変わってきます。また、言葉の組み合わせ方もポイントです。

例えば、「県内他市の少子化対策についてまとめておくように」との指示を受けたとします。その場合、『埼玉県　少子化対策』と検索するのと、『少子化対策　埼玉県　市　先進事例』で検索するのとでは、当然ながら全く違う結果が出ます。

キーワードを多くすればいい、というものではありません。効果的な言葉を選ぶ、検索テクニックを使うなど、コツがあります。何よりも、何を求めて検索するのかをしっかり考えることが大切です。

▶ 検索テクニックを身につける

この例でいえば、上司が何を求めて指示したのか考える必要があります。もちろん、直接聞いてもよいでしょう。漠然と検索して、なんとなく取りまとめても、おそらく使える資料にはなりません。

特定の施策を採用しているかどうかを比較したいのなら、その施策をキーワードにする必要がありますし、先進事例を調べて参考にしたいのなら、それが出てくるような言葉を使う必要があります。

求める結果を出しやすくする検索テクニックは、ひととおり覚え
ておいて損はありません。折を見て使ってみて、効果を確かめてお
くと、いざというとき、すぐに役立ちます。

❶　URL 検索

クラウドファンディング　inurl：city

これで市のサイトだけが表示される

❷　ロケーション検索

B 級グルメ　location：十勝

これで十勝での B 級グルメ情報だけが表示される

❸　ファイルタイプ検索

決算カード　filetype：pdf

これで PDF 形式のサイトだけが表示される

❹　キーワード全部検索

allintext：事務事業評価　外部評価　廃止

これですべての検索語を含むサイトが表示される

62 検索結果にプラスアルファの工夫を加える

Google がくれたヒントをつなぎ、活かす。

▶ Googleはまさに「先生」

漫才コンビのナイツが、「ヤホーで調べました」というネタで笑いをとっていたのは2008年頃。当時は Yahoo! のほうが Google よりも存在感がありました。

しかし、今や世界的には圧倒的に Google です。どんなことにもすぐ答えてくれる信頼感から、「Google 先生」とさえ呼ばれます。

自治体職員にとっても、Google は実に頼れる存在です。以前は、「こんなときはどうしたらいいか」「かつてはどんな具合だったか」といったことを知るために、ベテランの職員に尋ねたり、本を漁ったりしたものですが、そうした機会はめっきり減りました。しかもこの先生は、老いるどころか、年をとるごとに成長するのですから、不老不死かつ万能に見えます。

▶ 検索結果に頼りすぎない

ただし、Google がくれるのはヒントだけです。それをつなぎ合わせ、仮説や方針として決定するのは私たちの役割です。「○○に関する他市の状況を調べておくように」と言われ、Google の力を借りて、一覧を作ったとしても、指示に応えたことにはなりますが、それなら誰にでもできます。自分なりの考察を加えたり、他市の生の声を聴いたりして初めて、仕事をしたといえるでしょう。

検索結果に頼りすぎるのも問題です。Google が示すサイトに常に正しいことが書かれているわけではなく、内容の有用性が保証されているわけでもありません。

　Google に頼りつつ、100％信じ切らない。そして、プロとしての成果物を仕上げるためには、検索結果にプラスアルファを加える必要があることも肝に銘じましょう。

> ## ネーミングライツの導入事例を調べる場合

STEP1　検索する　⇒　「ネーミングライツ　自治体　事例」

　検索結果①
- どんな自治体で、どんな取組みがなされているか
- 近隣自治体はどうか　など

STEP2　検索する　⇒　「ネーミングライツ　デメリット」

　検索結果②
- ネーミングライツの負の側面
- 批判を受けた事例　など

STEP3　検索結果を組み合わせ、自分なりに考えてみる

- ネーミングライツの近年の傾向
- ネーミングライツの成功と失敗を分けるのは何か
- 当市が取り組むならどうするか

63 お役立ちサイトを持っておく

自治体職員がブックマークすべきウェブサイトたち。

▶ 検索の一歩先を行く

人によって、検索結果もそれをまとめる力も異なりますが、差がつく要因として、そもそも見ている検索結果が違う場合もあります。優れた報告書は、一味違うサイトの資料を基に作られているのです。

▶ かゆいところに手が届くサイト、比較ができるサイト

例えば、「Yahoo! 知恵袋」には、自治体関係者と思われる質問が寄せられており、玉石混交ですが、有益な回答もあります。

意見を持ち寄るという点でおすすめなのは、「洋々亭」というサイトです。「地方自治を現場の法務から考える」という趣旨で運営されており、数々の役立つページがあります。中でも「フォーラム」は、困ったらまず訪れたいコーナーです。

また、他市との比較に役立つのが、内閣府の「経済・財政と暮らしの指標『見える化』ポータルサイト」です。「生活ガイド.com」というサイトでも、自治体比較が容易にできるサービスを提供しています。業務を進める際には、様々な情報を必要とします。そうした際に役立つのが、「総務省統計局」や「RESAS」のサイトです。そして、行政に関するニュースを知りたい場合は「時事ドットコム」が、地域に密着したニュースを見る場合は「47NEWS」というサ

イトが便利です。通常の検索に加えて、こうしたサイトをうまく活用することによって、作成する資料に深みが出てきます。

公務員におすすめのお役立ちサイト

洋々亭　http://www.hi-ho.ne.jp/tomita/

概要	激動の時代に翻弄される地方自治体職員のみなさんに共感を込め、法務を中心に情報と交流の場を提供しています（一部抜粋）
活用	なんといってもフォーラムのページが有益。自治体職員の質問に自治体職員がともに考える形式となっており、困ったときに参考になるやりとりが満載

生活ガイド .com　https://www.seikatsu-guide.com/

概要	みんなでつくる地域応援サイト。ありとあらゆるデータで地域の状況を示すとともに、ランキング、地域比較もできる
活用	使い勝手がよく、調べものに最適なだけでなく、ちょこちょこ触っていても楽しい。「街のデータ比較」では、気になる自治体との比較がすぐにできる

総務省統計局　https://www.stat.go.jp/

概要	日本の統計データが集まっているサイト。国が行っている調査は基本的にここに集約される
活用	必要な統計データが手に入ることはもちろん、主要経済指標なども随時更新されている。「地域の見える化」コーナーでは、自治体ごとのレーダーチャートもある

64 ITの力で定型事務を効率化する

改善できることはたくさんある。小さなことから始めよう。

▶ パソコンが起こした役所の仕事革命

　パソコンが世の中に一気に普及したのは、Windows95が発売された1995年以降でしょうか。役所でも、この頃からワープロに代わってパソコンが導入されるようになります。

　パソコン導入前、役所の仕事は属人的な要素が色濃くありました。

　例えば、支出伝票は複写式で、担当者以外はいつどの書式を使うかよくわからず、伝票は庶務専門の職員に任せきりという時代が続いていました。手で書かなければならない時代には、起案も手軽に作るわけにはいきませんでした。

　しかし、パソコンが普及し、状況は一変しました。伝票を専門に行っていたベテラン職員は、逆にパソコンにはアレルギーを持っていることが多く、庶務の業務が開放されました。また、それまでは各課に紙を持っていかなければならなかったために控えられていた庁内向けの照会文書がどんどん出されるようになりました。

　事務事業評価など、大量の情報を扱う仕事も、パソコンがなければ広まることはなかったかもしれません。

▶ 定型業務の多さが求める効率化

　役所の仕事も以前とは大きく変わり、新たな課題に機敏に挑戦することが求められています。しかしその一方で、役所には、法定受

託事務を中心に、定型事務もかなり残っています。これらは派手ではありませんが、自治体行政の中心となる重要な仕事です。

庁内で改善を奨励すると、「うちは定型事務なので改善できる要素はあまりありません」と言う職員がいますが、それは反対でしょう。同じことを繰り返す定型業務こそ、改善する余地が大きいといえます。

業務の効率化に欠かせないのが、IT です。手作業で行っていたことをパソコンでできないか。いちいち計算していたことをシステムでできないか。1 か所に入力することで重複せず一連の作業を終了させられないか。IT でできることはいくつもあります。

プログラムは書けなくても、ちょっとした工夫はできるはずです。そこに貢献した職員こそ、周りから重宝され、「アイツ、なかなかデキるよ」と言われるのです。

AI、RPAによる業務の効率化

議事録作成	会議等における音声データを自動でテキストデータに変換し、議事録作成にかかる負担を大幅に軽減
チャットボットによる対応	行政サービスの手続きや制度に関する問い合わせに、AI が自動で回答
保育園の入園調整	これまで数人の職員が 1 週間以上かけて行っていたマッチングが、数十秒で終了
定型業務の省力化	市民税関連事務、時間外勤務処理などの定型業務を RPA が自動で処理

65 リスクを理解し、SNSを使いこなす

SNSは今や必須アイテム。留意点を押さえて活用しよう。

▶ 役所の仕事でもSNSは絶大な効果

LINEを筆頭に、Facebook、Twitter、Instagram、YouTubeなど、SNSを毎日使う人は少なくないでしょう。SNSは、役所の仕事でも大きな効果を上げています。

例えば、YouTubeは、役所広報の新しい形になっています。大分県別府市の「湯〜園地計画！」が大きな反響を呼んだほか、宮崎県小林市の移住促進PR動画も、フランス語に聞こえる訛りが全国的な話題となりました。FacebookやTwitterも、比較的簡単に更新でき、有効に使われています。「インスタ映え」という言葉が流行語になったInstagramも、地域の表情を伝える手段として重宝されています。

さらにSNSのよさは、双方向性です。いい情報だと思ってもらえれば、高評価になり、多くの「いいね！」をもらえます。拡散されれば、効果は何倍にもなります。

▶ 役所でSNSを使う際に気をつけること

個人で使うときもそうですが、役所でSNSを用いる場合は、より注意が必要です。

軽い気持ちで書いたり、「いいね！」を増やそうと過剰な表現を用いたりすると、変な具合に拡散し、炎上してしまうケースがあり

ます。謝罪にまで至ると、その収拾は非常に困難です。

　外部に作ってもらうケースが多い動画については、公開前に慎重なチェックが必要です。特に、何らかの差別につながる内容は要注意。「あれもダメ、これもダメ」だと、作り手の想像力を損ねる恐れもありますが、公開後撤回になっては台無しです。

　双方向性ゆえに、関係性がエスカレートしてしまう恐れもあります。緊密なやりとりの結果、個人とのつながりが濃くなりすぎると、意図しない方向に行きかねません。

SNSの長所と短所

長　所	● ホームページより更新が楽 ● 広く拡散する可能性がある ● 少しくだけた表現も可 ● 場所を選ばず発信できる ● 関心のある人に届けやすい ● ファンを獲得できる可能性がある ● 新鮮な情報を届けられる
短　所	● 内容によっては思わぬ批判を受ける ● 拡散して負の影響が増幅することがある ● 人によっては不快に感じる ● 責任の所在が不明確になりがち ● 失望されると反発につながる ● フォロワーを増やすために過激化しがち ● 情報漏洩が起きる可能性がある

66 プライベートでも 情報を発信する

情報は出すところに集まる。SNS で情報の輪を広げよう。

▶ 輪を無限に広げるSNS

　SNS が普及して、知り合いになれる人の範囲が一気に広がりました。面識のある人だけでなく、共通の趣味を持つ人、出身地が同じ人、友だちの友だちなど、世界に輪を広げることができます。

　さらに、情報を発信するためのハードルが格段に低くなりました。文章でも、絵でも、動画でも、思い立ったらその日に公開することができます。

　しかも、読んでくれた人、観てくれた人の反応が返ってきます。「いいね！」だけではなく、細かい感想まで書いてくれる人もいて、発信する側としてもやりがいがあります。

　これだけ条件が揃っているのですから、何か伝えたいことがあるとしたら、SNS を使うのが自然な流れでしょう。

▶ 情報は出すところに集まる

　仕事を離れて、プライベートで行う SNS には、基本的に制約はありません。食べたもの、感じたことなど、どんなことでも自由に書き込むことができます。

　好きなことや調べたことを発信するのもいいでしょう。守秘義務に触れる内容はもちろん NG ですが、関心を持って調べていることや自主的な勉強会の情報等を発信すると、同じような関心を持つ人

とのつながりがさらに広がることも期待できます。

また、発信するために、事前に下調べすることで、知識も深まります。また、情報は発信するところに集まります。

ネットには悪意を持って書き込む人もいますし、何気なく投稿した内容が炎上してしまう恐れもあります。リスクを十分注意したうえで、積極的に情報を発信しましょう。

情報発信者に情報が集まる仕組み

いろいろな情報を多くの人に発信すると……

情報発信者に
感謝（いいね！）が集まる　→　情報発信者の
モチベーションアップ

情報発信者に
情報が提供される　→　情報発信者の
ストックの増加

情報発信者の
知り合いの輪が広がる　→　情報発信者の
人脈の拡大

情報発信者に
情報拡散が依頼される　→　情報発信内容の
バリエーションの拡大

情報提供の質・量の一層の充実

都市計画・土木・防災部門で
身につけたい力 ＝ 「空想力」

　都市計画に携わっている人は、誰しも「何も書かれていない真っ白なキャンバスに、理想の街を描いてみたい」と思うものではないでしょうか？　実際の街づくりには、所与の条件や制約が山ほどあり、なかなか理想どおりには進まないからです。

　土木や防災部門に携わっている方にも、もっとこんな街になっていたらよかったのにとため息をつきそうになることがあると思います。

　しかし、嘆いてばかりいても仕方がありません。どんな街にもいいところがあり、克服していかなければならない課題があります。課題が多ければ多いほど、自治体職員の腕の見せどころともいえます。評論家ではない私たちは、現実を少しずつでも変えていかなければなりません。

　その意味では実践する力が求められる職場であるといえますが、できることを地道にやっていくことと併せて、夢を持つことも忘れたくないところです。夢はなかなか叶いませんが、誰かが夢を持ち、そこに向かっていかないかぎり、いつまで経っても現実にはなりません。

　そこで、都市計画・土木・防災部門の職員が身につけたい力は、「空想力」だと思います。現実を見つめ、現実を受け止め、制約条件も十分理解したうえで、それでもあるべき姿を描いていくことが求められます。先が見えないだけに気が萎えそうになるかもしれませんが、素晴らしい街づくりを進めている地域も、短期間で完成したところはないでしょう。

　役所の仕事は遅いと批判されがちですし、実際そうした面もありますが、長期的なスパンで物事を考えられる良さもあります。大きな絵を描く気持ちと実践する力を持ち続け、自分たちでできなければ次の世代の職員にバトンをつなぎたいところです。

第6章

キャリア

自分の将来像を主体的に描く

地方公務員の仕事は、安定しています。しかし、世の中が激しく変わっている中、その安定に安穏としていることは許されません。自らのキャリアプランをイメージし、未来を見据えて主体的に行動しましょう。今やらなければ、未来は変わりません。

67 将来なりたい姿を描く

公務員人生は長期戦。一歩一歩、前に進もう。

▶ 嫉妬はもったいない

人間誰しも、「嫉妬」という感情を持っています。「嫉妬」は悪徳であり、キリスト教における「7つの大罪」の1つとされています。

しかし、役所のように閉ざされた世界は、嫉妬という感情が起きやすい場所です。

「どうしてあいつばかりに目立つ仕事が回ってくるのか」「どうしてあの人だけが『デキる職員』と思われているのか」「あの人は、本当は大したことないのに」……。

こうした感情を心に溜め込み、仮想敵を作って憎んでみたところで、何もいいことはありません。足の引っ張り合いは完全にマイナスですし、精神衛生上もよくないでしょう。嫉妬を反骨心に変えて、「負けないように頑張る」とするのならいいですが、そうでない嫉妬は、時間・感情・魂の浪費です。

▶ 役所で過ごす時間は長い

20歳前後で役所に入り、定年まで職務を全うすると、40年も役所にいることになります。これは本当に長期戦です。

元プロ野球選手・イチローさんの言葉に、「小さいことを重ねることが、とんでもないところへ行くただひとつの道」というものがあります。

目先のことに囚われるのではなく、「こんな自分になりたい」という将来像を描き、そこに少しずつでも進んでいく。将来像は、苦労を乗り越える力にもなります。大丈夫、先は長いのですから。

　ただし、何もせずにいると、小さなことを積み上げている人とは気づかないうちに大きな差をつけられてしまいます。慌てず騒がずコツコツと。小さいことを積み重ねた先に、なりたい自分が待っています。

嫉妬、羨望を力に変える

「いつかＡ課長のリーダーシップを身につけたい」

Ａ課長の皆を引っ張る力がうらましい
→　小さなプロジェクトでも自分が中心になってやってみる

「Ｂ係長のような法令の知識を身につけたい」

Ｂ係長の豊富な知識や理路整然とした論理構成がうらやましい
→　Ｂ係長の話を聞く場を設ける、勉強会を立ち上げる

「Ｃ主査の企画力を盗みたい」

Ｃ主査の人を巻き込む企画力がうらやましい
→　地域のイベントに参加してみる、いろいろな企画を立ててみる

68 変わり続けて 変わらない「自分」になる

変化を恐れず、自分のスタイルを構築しよう。

▶ どの職場でもどんな仕事でも変えないスタイル

　誰かを変えることはできませんが、自分を変えることはできます。また、年を重ねるにつれて、そして周りの環境の変化に従って、変えるべきは変える必要があります。

　ただ、人には、揺るがない基礎のようなものがあると思います。自分を自分たらしめている部分とでもいうのでしょうか。そこは大切に守るべきでしょう。

　「頑固になれ」とか「人に左右されるな」ということではありません。アドバイスはありがたく受け入れつつ、自分らしくあり続けたいものです。

　役所には「誰かのために尽くしたい」という思いで入った人が少なくないはずです。その思いは、いつまでも持ち続けましょう。「何をやるにも人を楽しませたい」と思っている人は、それを大切にしましょう。

▶ 不易と流行

　松尾芭蕉が残した言葉に「不易流行」というものがあります。「不易」とは、いつまでも変化しない本質的なもの、「流行」とは、新しく変化を重ねているものとされます。

　新味を求めて変化を重ねていく流行性こそが不易の本質であり、

「不易」と「流行」は一体であると考えます。「変わり続けることによって変わらない本質的なものに到達する」という解釈がなされているようです。

　職場に、いつでもみずみずしい先輩がいませんか。その人は、変わっていないようでいて、実は変わり続け、成長し続けているのではないでしょうか。いつ食べに行っても変わらずおいしいラーメン屋は、実は日々改良を重ね、変わり続けていると聞きます。

　日々変わり続けることによって、新しく、変わらない自分になっていきましょう。

変わらないために、変わり続ける

何も変えていないラーメン屋

前はおいしかったのに、
変わっちゃったな…

日々、工夫・改良を重ねるラーメン屋

今日もおいしいなあ。
いつ来ても変わらない

69 年度の切り替えを強く意識する

4月で人もお金も切り替わる。事務処理は特に慎重に。

▶ 「年度」という高い壁

　自治体の年度は、地方自治法によって、「普通地方公共団体の会計年度は、毎年4月1日に始まり、翌年3月31日に終わるものとする」と規定されています。

　国も、財政法に同じような規定があります。ごく簡単な条文ですが、その意味は絶大です。役所では、3月31日と4月1日の間には、高い高い壁があるのです。

▶ 4月1日は役所の「お正月」

　4月1日は役所にとっての「お正月」と言われるくらい、どこかふわふわした空気が漂います。4月異動が中心ですから、かなりの人数の職員が新しい職場に異動し、あまり馴染みのない人たちに緊張しながら挨拶をすることになります。入庁式があり、新入職員たちの新鮮な姿も見られます。

　一方、新年度スタートによるお金の切り替えが、業務を慌ただしくします。4月1日付で行う契約がたくさんあるため、その処理をする必要があります。反対に、3月中の日付で起こしておかなければならない支出負担も多いので、支出する年度を間違えないようにしなければなりません。

　3月になって急に必要になる修繕が出てきたり、4月に入ってす

156

ぐに取りかからなければならないことが出てきたりもします。しかし、役所はこうしたことへの対処が苦手です。3月の予定外の出費には、予算措置ができない場合がありますし、4月すぐの事業には、人が入れ替わっていることによって対応が難しい場合があります。

　年度の壁が高いことは、どちらかというと弊害が多いように思います。制度は制度なので守るべきは守りつつ、その壁をなるべくなくすような取組みが求められます。

3月31日と4月1日で何が変わる？

予算

● 前年度予算で執行している事業は、原則として3月31日までに終わらせる必要あり

● 3月31日までに終わらない場合、繰越手続きが必要となる

● 前年度の予算がいくら残っていても、新年度では使えない

● 継続して行っている委託業務も、4月1日付で契約を結び直すのが前提

人事

● 3月31日付で退職する先輩職員がいる

● 新入職員が入ってくる

● 人事異動が行われる

● 組織改正が行われることがある

気持ち

● 去っていく人を見送るため、感傷的な気持ちが広がる

● 年度が替わると職員の気持ちが新たになる

157

70 引継ぎを受ける・しっかり引き継ぐ

引き継ぐ準備、引継ぎを受ける準備、ともに計画的に。

▶ 引継ぎ方にマニュアルはない

　自治体では、多くの部署にマニュアルがあり、これを基に引継ぎが行われます。

　スケジュール、根拠法令、関連団体名簿、文書の保存場所等も示されており、仕事の概略がわかります。しかし、異動当初は予備知識がないため、マニュアルを基に引継ぎを受けても、十分には理解できず、慣れるまでの間は戦力ダウンになります。ある程度は仕方がないことですが、引継ぎ方が確立していれば、よりスムーズに移行できるのではないでしょうか。

▶ 引継ぎは、する側・受ける側、ともに丁寧に

　引き継ぐ側は、相手がこの分野では全くの素人であることを忘れず、当たり前のことでも丁寧に伝えるように努めましょう。

　「何月に何をする」だけではなく、「○○課のキーパーソンは誰」「△△町の会長さんに話を通すと後々進みやすい」といった人的情報も口頭で伝えます。これらは、引継ぎ書には書けない内容です。

　引継ぎを受ける側の準備も大切です。異動の内示から着任までの期間が短くても、異動先に関連する資料は、あらかじめ読んでおくこと。事業の概略を知る絶好の資料である事務事業評価表はもちろん、異動先が担当する各種計画にも目を通します。

そのうえで、一方的に説明を受けるのではなく、聞きたいことも
まとめておきましょう。的が外れていたとしても、なぜ外れたのか
検証すればいいのです。

引き継ぐ側、引き継がれる側の双方がしっかり準備して引継ぎに
臨めば、戦力ダウンを最小限に抑えられるとともに、視点が変わる
ことで事業内容の向上も期待できます。

引継ぎのポイント

引き継ぐ側が
すべきこと

→

引き継がれる側が
すべきこと

「引継ぎは仕事である」
という意識をしっかり持つ
- 引継ぎは大切な仕事。最後
  の責任をきちんと果たす

引き継がれたら、すぐ戦力に
なる意識を持つ
- 「異動してきたばかりなの
  で」と言わずに済むよう、
  きっちり引継ぎを受ける

引継ぎは準備が重要
- いつも異動は突然。引き継
  の準備は、日々の積み重ね
  が鍵

引継ぎを受ける準備をする
- 正式な引継ぎの前に、異動
  先の業務内容をある程度調
  べておくのは当然のこと

紙に残せないことも
引き継ぐ
- 「誰それがキーパーソン」
  「○○には要注意」など、
  紙に書けないことも引き
  継ぐ

普段から他所属の仕事に
関心を持っておく
- 直接関係のない仕事でも、
  自分ならこうする、という
  気持ちで見ておく

71 「大義名分」なしに 動かない

役所が動くには「理由」が必要。安請け合いは御法度。

▶ 何をするにも「理由」は不可欠

　役所の動きは「遅い」と批判されがちです。「どうしてもっと迅速に、臨機応変に対応できないのか」と、歯がゆく思っている人も少なくないでしょう。

　例えば、長い歴史を持つ吹奏楽団が、資金不足により活動停止に追い込まれそうになり、楽団員や支援者から、役所に対して補助金の支出が求められたとします。感情的には、地域で愛されている文化団体に、何らかの形で手を差し伸べたくなるところですが、通常は、簡単には動けません。

　「そのための予算がない」というのがとりあえずの理由ですが、それだけなら補正や流用で手当てできます。本質的には、その吹奏楽団に公金を支出する「大義名分」がなければ動けないのです。この場合、役所が動かなければ吹奏楽団は解散せざるをえないかもしれません。そのことで、「融通が利かない」「お役所仕事」などと言われるかもしれません。それでも、大義名分なしに公金を使うことはできないと考えるべきでしょう。

▶ いったん立ち止まる力

　なぜ、「大義名分」が必要なのか。それは、役所の保身のためではなく、公金を扱う以上、公平かつ意味のある使い方が求められる

160

からです。

A吹奏楽団を公金で救うのなら、他のB楽団やC楽団も助けるのが筋です。さらに、吹奏楽だけではなく管弦楽も、コーラスも、あるいは文化団体だけではなくなるかもしれません。もちろん、A楽団だけを救う、納得できる理由があれば別です。

救済を求められて、「わかりました。なんとかします」とその場で請け合うのは一見カッコよく見えますが、実際には無責任な態度と言わざるを得ません。感情や思いだけで安請け合いせず、いったん立ち止まる力を身につけましょう。

「大義名分」とは、「人として守ること」「何か事をするに当たって拠り所となる正当な理由」などを意味します。役所として、ここは譲れないところです。

公務員に求められる公平性・公正性

● 日本国憲法

第15条
2 すべて公務員は、全体の奉仕者であつて、一部の奉仕者ではない。

● 地方公務員法

（服務の根本基準）
第30条 すべて職員は、全体の奉仕者として公共の利益のために勤務し、且つ、職務の遂行に当つては、全力を挙げてこれに専念しなければならない。

72 失敗を恐れず チャレンジする

丸くなるのは先でいい。チャレンジして得るものは多い。

▶ 尖ったことを言うのが担当者の役割

　若いうちから、とかく気が利く人がいます。起案文書の説明でも、こんな具合です。

　「本来なら、○○と××という取組みを進めたいところですが、市長もあまり積極的ではないと聞いていますし、議会でも反対の立場からの質問をいただいたことがあります。そこで、○○と××は除き、△△という形にして理解を得たいと考えます」

　全体がよく見えているという面もありますが、「人がこう言っているからこうする」「異論が出る可能性があるからそれを避ける」という姿勢では、そもそも何をしたいのかわかりませんし、新しいものは生み出せません。上司は責任を意識せざるをえず、丸く収めたい欲求に駆られます。だからこそ、担当者は、尖った内容を提案すべきです。思いの丈をぶつけてみましょう。

▶ チャレンジしなければ何も得られない

　挑戦して、失敗したとしても、最終的な責任をとるのは上司です。もちろん、「だから適当にやっていい」ということではありません。当然、成功を目指して全力を尽くすべきです。しかし、チャレンジに対してGOサインを出したということは、上司もそれがいいと思ったのです。大丈夫。その失敗には意味があります。

いろいろな可能性を考え、コツコツ準備して、成否を待つ時間は、胸が苦しくなるような気持ちになります。そうした時間は、間違いなく成長につながります。

　成功したら大きな達成感を得られます。失敗しても、失敗の理由を検証して次につなげることができます。チャレンジしたことに対して、周りの評価も高まると思います。チャレンジすることは苦しいかもしれませんが、得られるものはたくさんあるのです。

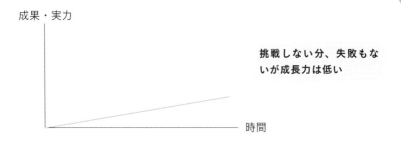

挑戦しない人の成長曲線

成果・実力

挑戦しない分、失敗もないが成長力は低い

時間

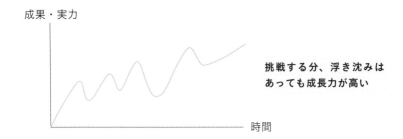

挑戦する人の成長曲線

成果・実力

挑戦する分、浮き沈みはあっても成長力が高い

時間

73 「前例」に学び、
「前例」をつくる

しっかり過去を振り返る。必要があれば自ら前例をつくる。

▶ 前例に縛られず、前例から学ぶ

前例踏襲は、役所の悪癖とされます。確かに、こだわりすぎるのは NG です。しかし、役所には役所の「流儀」があり、それを踏まえる必要はあります。それは、役所の仕事はずっと継続していくということです。5 年に 1 度の事業なら、きちんと 5 年前のことを振り返り、そのときに誰のお世話になり、どんなことに気を配ったのか、「前例」に当たって確認します。何かの申請が出された場合も、前例をチェックし、そのとき、どう判断したのか検証します。

もちろん、何もかも「前例」のとおりやらなければならないわけではありません。しかし、5 年前と同じミスを繰り返してはいけませんし、うまくいった点は活かしていきたいもの。また、前例を覆す際には、それによる影響も考えておく必要があります。

▶ 「前例」となるにふさわしい判断を

新しい事業に取り組む場合は、過去に囚われる必要はありません。類似事例に当たることも必要ですが、基本的にはその時点の判断で事業に取り組みます。

前例がないのには、それなりの理由があります。何らかの事情があり、役所としては進められなかったのでしょう。しかし、状況が変わった中で、それでもやる必要があると判断したら、「前例がない」

と逃げずに、果敢に向き合う必要があります。

　そして、今回の新しい取組みが、「前例」として残っていくことを肝に銘じましょう。何年か後、「前例」として後輩に振り返られたとき、恥ずかしくない、参考にしてもらえるような判断をしたいものです。将来の批判に耐えられないような、その場限りの一時しのぎのような決定では、引き継いでいける「前例」にはなりえません。

前例を参考にすることのメリット・デメリット

メリット	デメリット
● 経験を踏まえて実施できるので、事務処理が効率的になる	● 前例どおりに実施することが、本当に効率的な事務処理かどうか不明
● うまくいった点、課題が残った点などを活かして対応できる	● 前回実施した範囲内での展開となり、大きな伸びしろがない
● 問題が生じたときに、責任の回避や言い訳がしやすい	● 前例を踏まえたとしても、実質的な責任は回避できない

役所の仕事で、前例を踏まえない仕事は基本的にありえない

　　⇒　参考にすべき点はしっかり学ぶ

世の中は変わっており、前例どおりで済む仕事はない

　　⇒　時代に合わせた工夫は絶対に必要

次の人に向けてしっかりした前例を残すべき

　　⇒　新たな足跡を残すつもりで仕事に取り組む

74 　上司を動かす

上司を変える。上司は替わる。

▶ 何はともあれ、どんどん報告

　上司から受けた指示の進捗状況、他市の情報、住民からの苦情など、どんどん報告しましょう。何でも報告、迷ったら報告、困ったら報告、いい情報も悪い情報も報告です。

　上司は、口には出さなくても、「指示した件はどうなっているだろう」と気にしていますから、報告があると嬉しいもの。「そんな細かいことまでいいよ」と言われないかぎり、遠慮なく報告です。上司から「あの件、どうなった？」と聞かれたら、それは「遅い」という意味です。

▶ 上司を動かすヒント

　古今東西、職場の飲み会での定番ネタは、上司への不満です。

　しかし、裏でうっぷんを晴らすだけでなく、上司をいい方向に変えていく工夫をしてみましょう。困った上司の多くは、自分が困った存在であることに気づいていません。そこを上手に導いてあげるのです。悪口だけでは何も前に進みません。

　相手は上司ですから、指示はできません。そこで一工夫。例えば、メンバーが何をやっているか十分把握せず、スケジュール管理もできていないような上司には、「自分たちでは進捗管理がきちんとできないので、毎週ミーティングを開催していただけませんか？」と

頼んでみるのです。「組織をうまくマネジメントしたい」という気持ちはどの上司も共通して持っているはずですから、うまく伝えれば上司の習慣が変わるかもしれません。

　しかし、残念ながら、どうにもならない上司もいます。こちらから働きかけたら面倒なことになりそうな人、働きかける気にもならない人などです。この場合、「待つ」しかないでしょう。上司もそのうち異動します。やけを起こさず、待ちましょう。

タイプ別上司対処法

タイプ	NG	OK
マネジメント苦手系 指示したり、期限を区切ったりするのが苦手なタイプ	「どうしたらいいか」と聞く、適切な指示を待つ	「一緒に考えてください」とミーティングに参加してもらう。段取りはこちらでしておいて、交渉事を任せる
とにかく細かい系 起案や文書などの細かい点ばかりを注意してくるタイプ	いきなり決裁を上げる、細かいことを言われるからと情報を出し惜しみする	事前にスケジュール感を伝えておく。なるべく初めから関わらせる
大過ないことがすべて系 チャレンジングなことはとにかく避けたいタイプ	思いだけでぶつかる、あるべき論を伝える	最悪の場合でもここまでにしかならないことを理解してもらう。その上の上司も交えて進めることで安心させる

167

75 常に「議会対応」を頭に置く

議会で祝福されるために、全力を尽くす。

▶ 議会で認めてもらえないと動けない

役所が活動するうえで大切な事項は、すべて議会に諮られます。条例も、予算も、大きな契約も、全部議会の議決が必要です。議会の同意なしでは動けません。はじめから、どうすれば議決を得られるかを念頭に置いて着手する必要があるのです。

とはいえ、特別なことをする必要はありません。しっかり根拠があり、公益にかなっていて、説得力のある事業計画があれば、議会でもきっと認めてもらえます。

▶ 議会で祝福されるために

議会での審議では、詳細な内容まで議論されます。反対意見が出されることもあるでしょう。しかし、実際に否決にまで至るケースは、それほど多くはありません。

議会で否決されることは珍しいのだとすれば、なぜそんなに気を使う必要があるのでしょう。それは、祝福されて生まれた事業でなければ、思うように続けられないからです。

無理のある事業設計のまま議会に諮ると、可決してもらえたとしても議論が分かれ、付帯意見が付されるなど、事業内容の再考を求められることにもなりかねません。事業設計そのものの変更や、事業の趣旨が曲がってしまうことも起こりえます。

行政と議会は車の両輪に喩えられます。同じ方向を向いていない
と、車は前に進みません。どちらも、地域をよくしたいという思い
は一致しているのですから、互いの立場を尊重し合いながら、政策
を動かしていきたいところです。

　ただし、緊張感は必要です。議会で反対意見が出そうだとしても、
敢然と提案すべきときもあります。全会一致がベストですが、公益
のためには、一部に反対意見があっても進めなければならない場合
もあることを肝に銘じておきましょう。

議会で祝福されるために

十分な情報提供	ボリュームがあったり、内容がややこしかったりする議案については、通常以上に十分な情報提供を行うべき。会期中だけでは足りないと判断される場合、事前に説明する場を設けることも必要

丁寧な答弁	議案質疑では丁寧な答弁に努める。質問の中には、粗を探すようなものや重箱の隅をつくようなものもありえるが、そうした過程が政策を磨き上げるのであり、しっかりと答える

平等な対応	すべての会派に平等な対応に努める。明らかに賛成が望めないような会派があったとしても、説明は誠意を持って行う。たとえ反対されたとしても、気持ちは伝わるはず

76 職員・議員・地域と良好な関係を築く

公務員の人付き合いは半永久的。距離感を大切に。

▶ 「踏み台」意識の職員はいない

「リクナビ」「SUUMO」「ゼクシィ」などで知られるリクルート社の大きな特徴は、次々に新たな領域の仕事を切り拓くことに加え、社員の新陳代謝が激しいことです。独立志向の強い若者が入社し、力をつけて起業する例が多く見られます。そして、リクルートという会社自体、それを奨励しているようです。

一方、役所に入庁する人のうち、独立志向の高い職員はほとんどいません。いろいろな個性を持った面々が集まっていることは民間企業と同じですが、「ここを踏み台にして、次のステージへ」と考えてはいないでしょう。つまり、一度入ったら、長く居続けること、基本的に定年まで働き続けることが役所生活の前提です。

さて、退職の挨拶の常套句として「大過なく務め上げることができました」という言葉を聞くことがあります。他意はないと思いますが、長い仕事人生を振り返って、「大過なかった」ことが一番よかったというのは、ちょっと残念な気がします。長く居続けられるからこそ、冒険もしてみたいものです。

▶ 役所の人付き合いはずっと続く

同期は、その後数十年間一緒に働く大切な仲間。長く続くのは、先輩・後輩との関係も同じです。

議員との関係も長く続きます。4年に1度の選挙がありますが、2期、3期と再選される場合が多く、10年以上の付き合いになることも珍しくありません。

　地域との付き合いも同様です。自治体、特に市町村に勤めるということは、その地域や住民とまちづくりを進めるということです。いい関係を築き、一緒に歩いていきたいものです。

　同じ人たちと長く仕事をすることは、深い関係性を築く機会である一方、世界が狭くなったり、緊張感がなくなったりする心配もあります。持ちつ持たれつの関係が続くと、なれ合いにつながる恐れもあります。そうならないためには、常に自分を戒めている必要があります。

良好な関係を築くために

職員と
- 付き合いが数十年続くことを念頭に
- 同期入庁の仲間を大切に
- 気になる後輩とは伴走を

議員と
- 常に敬意を忘れない
- どの会派とも平等に
- できないことはできないとしっかり伝える

地域と
- 複数の所属でお世話になっていることを念頭に
- 距離を置きすぎず、ベタベタの関係にもならず
- 互いに頼れるパートナーになれるように

77 迷ったときに立ち戻れる 軸や拠り所を持つ

仕事だから迷って当然。迷うことを恐れない。

▶ 難しいことを判断することこそ仕事

瞬時に決断できる人を見ると、「カッコいい」「できる」と感じるでしょう。とはいえ、その場しのぎの決断は禁物です。すぐに決められないときは、そう伝えることも大切です。

仕事で判断に迫られたときに、迷わないほうがおかしいのです。迷わないで済むような判断であれば、誰がやっても同じです。難しい判断をすることこそが仕事であり、大いに迷うべきでしょう。

▶ 迷ったときに、どうやって結論を出すか

ほとんどの場合、散々考えれば、一定の結論が見えてくるものだと思います。上司や同僚と議論したり、アドバイスをもらったりもするでしょうから、通常は落ち着くところに落ち着くでしょう。しかし、どうしても決断できないようなことも出てくると思います。そんなとき、戻れるところがあれば支えになります。

例えば、「楽しめるかどうか」ということが、自分の拠り所であれば、そこに沿って判断すれば悔いを残さずに済むでしょう。「後の世代に負担を残さない」と誓っているのなら、そうしたことも判断する際の支えになるでしょう。

ただし、こうした判断は散々考えた末のこととするべきです。深く考えずにポリシーどおりの結論を出すことを繰り返すようでは、

きっと信頼も失ってしまいます。

　また、「あの人ならどうするだろう」と考えられるような先輩や仕事仲間がいれば、それも拠り所になります。尊敬する先輩・上司や、一目置く同世代の職員なら、この状況でどんな決断をしただろうと考えると、少し違った見方ができるかもしれません。

　「この判断をして恥ずかしくないか」という踏ん張り方もあります。肉親や自分自身に、胸を張れないような判断はしたくないはずですから、1つの基準になります。

迷い、悩んだときほど「拠り所」に立ち返る

拠り所　自分が楽しめるかどうか

例えば、新規事業を立ち上げるとき…

- 先が見えなくて不安がいっぱい
- 失敗する可能性も少なくない
- いろいろな人に協力してもらわなければならない

楽しめるのなら
踏ん張れる！

拠り所　身内に堂々と言えるか

例えば、無理な要求をされたとき…

- 断ると後々大変になりそう
- ことを荒立てないほうがいいという空気
- 周りは見て見ぬふり

身内に堂々と
言えないと思えば
毅然と断れる！

78 目指すべき先輩や メンターを見つける

周り次第で仕事ぶりは変わる。仕事ぶりで人生も変わる。

▶ 「それなり」にならないために

新入職員にとって、最初の配属先は非常に大きな意味を持ちます。仕事の内容もさることながら、先輩たちの影響を強く受けることが避けられないからです。

何をするにも「どうせ」と思っている先輩や、極力責任を負いたくないと考えている上司。そんな人の下についてしまい、「役所とはそんなものだ」と思ってしまったりしたら、意欲に満ちて入庁しても、それなりの仕事しかしないようになるかもしれません。そんな仕事を続けていたら、きっと生き方までそれなりになってしまいます。

しかし、所属は自分では決められません。「あれっ？」と思うようなところに配属になってしまうかもしれません。そんなときは自分から人を探しに行く必要があります。

役所の中には、きっと目標となるような先輩がいます。身近に残念な人たちしかいないなら、その人たちのことは視野から外して、目標となる先輩を見続けましょう。

▶ メンターと一緒に走る

近年、「メンター」という存在が注目されています。仕事上の指導者もしくは助言者の意味で、企業によっては制度として位置付け

られているところもあるそうです。しかし、メンターにふさわしい人がいるか、助言される側がメンターを求めているか、などうまく合致しないと形だけになってしまいかねません。

　成長していくためには、メンターも主体的に探したいところです。そして、できることなら、ときにアドバイスをもらえるような関係になりたいものです。あなたが自分のメンターにしたいと見込んだ人なら、アドバイスを求めればきっと喜んでしてくれます。役所の中にいない場合は、役所の外にも目を向けましょう。

　自分ではまっすぐ歩いているつもりでも、少しずつ曲がってしまっていることがあります。早めに気づけないと、取り返しがつかないところまで行ってしまうかもしれません。折に触れて軌道修正ができるよう、メンター的な存在の誰かを見つけましょう。

メンターにふさわしいかどうか

❶謙虚さ	● 偉ぶらない ● 年下の人からも素直に学ぶ
❷真摯さ	● 逃げない、ぶれない ● 正面から向き合い、責任を持つ
❸愛されキャラ	● なぜか憎まれない ● 人が集まってくる

6

キャリア――自分の将来像を主体的に描く

175

79 内外に支え合える仲間を見つける

内外の仲間を大切にしつつ、「意識高い病」には要注意。

▶ 同期を大切にしつつ、殻に閉じこもらない

　国家公務員におけるキャリア制度では、1人の事務次官が選ばれるまで、激しい競争があります。そして、勝者が決まれば、その他の同期は省庁を出るとまで言われています。

　地方公務員にも、競争がないわけではありません。しかし、同期入庁のメンバーを競争相手と考えている人はあまりいないでしょう。何十年間も苦楽を共にする仲間という感覚です。

　同期は、辛いとき、困ったときに支え合える大切な存在です。いろいろな情報交換もできるでしょう。年齢を重ねると、同期の飲み会の回数は減ると思いますが、気持ちのつながりは保っておきたいものです。

　ただし、いつまでも同期だけで集まっているのももったいない気がします。役所内にあるサークルや勉強会などに顔を出して、いろいろな人とつながっていきたいところです。

▶ 謙虚な姿勢は忘れずに、外の仲間から刺激を

　役所という閉鎖された環境で仕事をしていると、いつの間にか偏った考えになりがちです。外の仲間と切磋琢磨することで、刺激をもらうとともに、バランスが保たれる面があると思います。

　ただし、「意識高い病」には罹らないように気をつけましょう。「外

に出ていろいろ勉強している自分はかなりイケている。それに引き換え、役所に閉じこもっている面々はだらしない」と同僚を上から見てしまうというものです。口に出さなくても、そう思っていれば周りに伝わってしまいます。

「意識高い病」の人は、何かにつけて「こんな仕事は自分にはふさわしくない」と感じるという症状を発症します。必然的に周りの職員から疎んじられますが、「役所の外にはもっとレベルの高い仲間がいるんだぞ」ということを支えにします。こうなってしまっては、本人にも周りにもいいことは全くありません。

役所外の勉強会にはぜひ参加すべきですが、謙虚な姿勢は忘れたくないものです。

競い合い、支え合える関係を築く

役所内

- 同期
- 同じ所属で苦労した同僚
- サークルの先輩・後輩
- 勉強会メンバー

役所外

- 協力し合って仕事をした他自治体の職員
- SNS をきっかけに共感し合えた友だち
- 一緒に事業に取り組んだ地域の人たち
- 自治体の垣根を超えた勉強会メンバー

80 「今」、始める

「今」をアップデートした続けた先に「未来」がある。

▶ 「今」って、いつのこと？

「今」って、いつなのでしょう？

「今」と言った瞬間に、「今」は過去になっています。辞書で調べると、「過去と未来の境」といった定義をしていることが多いようです。過去や未来は、今を基準にした言葉でしょうから、正直なところ、これでは何のことだかわかりません。

アニメ映画の傑作「時をかける少女」の中に「時間っていうのは不可逆なのね」というセリフがあります。不可逆とは、もう元の状態に戻れないことを言います。時間は、元に戻らず、止まりもしません。一定方向に流れ続ける時間の中で、「今」とはまさに「その一瞬」のことをいうのでしょう。

「今」について考えている「今」は、すぐに過去になりますが、考えている「今」は「今」であり続けています。

▶ 「この瞬間」に始めよう

若い方々であれば、ここでいう「今」とは「若いうち」と解釈されそうです。私もこの本を書き始めたときには、主に若い人に伝えたいと思っていました。

しかし、書き進めていくうちに、「仕事の基本はいつでも、誰でも同じではないか」と思うようになりました。「若いからやらなけ

178

ればならない」「ずっと前から役所で働いているからやらなくてい
い」ということではないはずです。

　そして、誰にとっても「今」は「今」です。思うところがあれば、
年齢やキャリアにかかわらず、「今」始めましょう。遅すぎるも早
すぎるもありません。

　どの世界でも、いい仕事をしている人ほど謙虚です。やればやる
ほど自分の足りないところが見えてくるからでしょう。そして、「今」
を大切にし、さらに日々を積み重ねて遠くに行きます。どんな未来
にするか、それは「今」にかかっています。

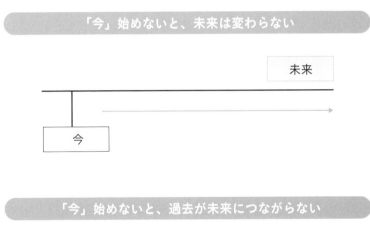

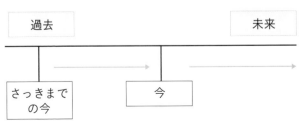

住民・地域振興部門で
身につけたい力 ＝「協働力」

　多くの住民にとって、役所ではじめに接するのは住民担当部門です。住民票や戸籍を取り扱う所属は、1年中住民と向かい合っています。市役所の顔といっていい存在だと思います。

　住民担当部門には、職員が多い、比較的女性が多い、若手が配属されやすいといった特徴もあるのではないでしょうか。活気のある職場で、花形といってもいいかもしれません。役所の中でそのように見られているかどうかはさておき。

　地域振興部門は、住民窓口担当課と同じ部に属していることが多いと思います。地域にお住いの方を対象としているという点が共通していることから同じ部に配置されているのでしょうが、仕事の内容はあまり重複していないのではないでしょうか。うまく連携が取れていないこともあるかもしれません。

　住民・地域振興部門で身につけるべき力は、「協働力」だと思います。住民と協働することは当然として、課内、役所内で協力して働く力も磨きたいところです。人数が多く、仕事がきっちりと分かれていて、かつ毎日忙しい住民担当部門では、係間の協力体制が十分にできていないところもあると聞きます。専門化しがちな所属なので難しい面もあるとは思いますが、まずは課内でしっかり助け合いましょう。役所の顔として情報発信にも努め、部内及び部を超えた連携の中心にもなりたいものです。

　自治会活動などを通じた住民の皆さんとの協働は、人口が減り、高齢化が進むこれからの社会でますます重要になってきます。今までの当たり前が通用してこなくなっていることを踏まえて、新しい形の協働をつくっていきましょう。役所がどう見られるか、住民・地域振興部門が果たす役割はとても大きなものがあります。

おわりに

　これといって取り柄のない私ですが、返事だけはいいほうです。かなり年下の職員から名前を呼ばれたときも、つい「はい！」と元気よく答えてしまいます。

　これはきっと、小学校の頃からやっていた野球の影響だと思います。厳しいクラブに入っていたわけではないのですが、返事だけはしっかりするように教えられました。私自身は体育会系からはほど遠い人間だと思っていますが、返事についてはその頃の癖が抜けきっていないようです。若い時代の反復は、それだけ身に沁み込むということでしょう。

　仕事でも同じようなことが言えると思います。やるべきことを早く始めれば始めるほど、習慣として続ければ続けるほど、どんどん自分の身になっていきます。いつしかそれが、癖になります。

　社会人になってから、あまり勉強しなくなる人がいます。反対に、できないこと、知らないことが見えてきて、学生のとき以上に勉強をし始める人がいます。いい点数を取るためではなく自分から進んで行う勉強は、楽しくもあり、苦しくもあります。ただ、少なくともやらされているものではないはずです。

　勉強していない人もしている人も、その仕事ぶりは、最初はあまり変わらないかもしれません。しかし、読むべきものを自分から進んで読みにいき、書くたびに伝えるための工夫を積み重ね、数字にも逃げずに立ち向かっていると、差がどんどん大きくなっていきます。そして、気がついたら、役所に入った段階では横一線だった２

人に大きな差がつくことになります。

　職場で、「自分の意見が通らない」と不満を持っている人がいませんか。失礼ながら、そうした人の多くが、聞いてもらうための努力や工夫を怠っているように感じます。一方、いつもしっかり準備していて、発する言葉に説得力がある人の意見は、無理に通そうとしなくても周りが聞いてくれます。どちらの存在になるか、選ぶのは自分自身の日々の行動です。

　私の役所人生は、そろそろ終盤戦です。まだ振り返る時期ではありませんが、いろいろあったなあとは思います。

　ああしておけばよかった、こうしておくべきだった、ということもありますが、やってよかったと思うこともあります。コツコツ続けたことが時間を置いて実ったことや、楽しみでやっていたことが仕事に活かされたこともありました。

　なんとか役に立てたこともありますが、助けてもらったことのほうが圧倒的に多いように思います。お世話になった一人ひとりに恩返ししたいものの、なかなかその機会はありません。であれば、今の私にできることとして、役所人生の中で培ったものを、次世代に伝えるということがあると考えています。先に生まれた者の責任として、少しでも次につなげたいという思いで、この本を書きました。

　皆さんにとっては遠い将来のことかもしれませんが、いつか自分の役所人生を振り返る日がきます。そのときに「やれるだけはやったな」と思えるよう、今から始めましょう。

　本書が背中を押すのにお役に立てれば、本当に嬉しく思います。

　　　　　　　　　　　　　　　　　　　　　　林　　誠

著者紹介

林　誠（はやし・まこと）
所沢市財務部長。1965年滋賀県生まれ。早稲田大学政治経済学部経済学科卒業。日本電気株式会社に就職。その後、所沢市役所に入庁。一時埼玉県庁に出向し、現在に至る。市では、財政部門、商業振興部門、政策企画部門等に所属。役所にも経営的な発想や企業会計的な考え方も必要と中小企業診断士資格を、東京オリンピック・パラリンピックに向けて通訳案内士資格を取得。また、所沢市職員有志の勉強会「所沢市経済どうゆう会」の活動を行う。著書に『お役所の潰れない会計学』（自由国民社、2007年）、『財政課のシゴト』（ぎょうせい、2017年）、『イチからわかる！"議会答弁書"作成のコツ』（ぎょうせい、2017年）、『9割の公務員が知らない　お金の貯め方・増やし方』（学陽書房、2018年）がある。

どんな部署でも必ず役立つ
公務員の読み書きそろばん

2020年 6 月24日　初版発行
2024年 4 月 4 日　5刷発行

　　　著　者　林　誠
　　　　　　　　はやし　まこと

　　　発行者　佐久間重嘉

　　　発行所　学 陽 書 房

　　　〒102-0072　東京都千代田区飯田橋 1-9-3
　　　営業部／電話　03-3261-1111　FAX　03-5211-3300
　　　編集部／電話　03-3261-1112　FAX　03-5211-3301
　　　http://www.gakuyo.co.jp/

ブックデザイン／スタジオダンク
DTP制作・印刷／精文堂印刷　　製本／東京美術紙工

©Makoto Hayashi 2020, Printed in Japan　　ISBN 978-4-313-15106-2 C0034
乱丁・落丁本は、送料小社負担でお取り替え致します

どんな部署でも必ず役立つ
引継ぎ&仕事の作法！

公務員の宿命「異動」のためのガイドブック！　人事異動のルール・手続きから残務整理、スムーズな業務引継のコツ、異動先への適応、異動を繰り返す中で経験と実績を上げ、強みを磨いてステップアップする方法までわかる。

公務員の「異動」の教科書

堤直規 ［著］

四六判並製／定価＝1,760円（10％税込）